ME
DOY
PERMISO

DR. GEORGE JAMES

ME DOY PERMISO

**Arriesgar.
Soltar la perfección.
Confiar en mí.**

Traducción de
Scheherezade Surià López

Papel certificado por el Forest Stewardship Council®

MIXTO
Papel
FSC® C117695

Título original: *I Give Myself Permission: Take Risks. Be Imperfect. Live Boldly*

Primera edición: mayo de 2026

Edición publicada por acuerdo con New Harbinger Publications, Inc.,
a través de International Editors & Yáñez Co' S. L.

Printed in Spain – Impreso en España

ISBN: 978-84-02-43062-5
Depósito legal: B-4.366-2026

Compuesto en Compaginem Llibres, S. L.
Impreso en Gómez Aparicio, S. L.
Casarrubuelos (Madrid)

BG30625

A mis padres, Gwendolyn y George James:
gracias por vuestros sacrificios, por vuestro amor
y por vuestra fe. Os echo de menos.

Y a mi mujer y a mis hijos,
cuyo amor y apoyo infinitos
son mi fuente diaria de inspiración.

ÍNDICE

Las historias que nos contamos

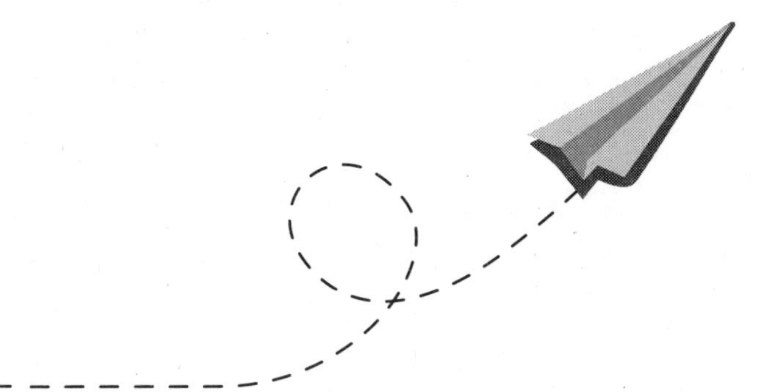

Todos somos historia. Somos las historias que otros
nos cuentan y también las que nos contamos a nosotros
mismos. Para cambiar nuestras circunstancias, tenemos
que cambiar nuestra historia: editarla, modificarla
o reescribirla por completo.

Harold R. Johnson

¿Cuál es la última canción que se te ha quedado grabada en la cabeza? A lo mejor ha sido el último éxito de Taylor Swift o de Beyoncé, un clásico de Bob Marley o de Marc Anthony, tal vez una canción de la banda sonora del musical *Hamilton* o tu favorita de una película o serie de televisión. Seguramente has seguido el ritmo con la cabeza, tarareado, bailado y hasta la has cantado en voz alta. Hay canciones que se nos quedan grabadas en la cabeza y las repetimos en bucle.

Así puede ser nuestra historia personal. También se parece a una melodía pegadiza. Nos contamos una y otra vez la historia sobre quiénes somos, quiénes no somos, cómo «deberíamos» ser y qué «deberíamos» hacer. Los detalles comienzan a tomar forma a una edad temprana y, a lo largo de nuestra vida, dicha historia se consolida, para bien o para mal.

Por supuesto, al igual que en cualquier buen libro o película, los detalles sobre quién eres y el personaje que interpretas en la historia también evolucionan con el tiempo. Tomemos como ejemplo a Harry Potter al principio del primer libro, *Harry Potter y la piedra filosofal*. Descubrimos que es un huérfano de once años que sufre malos tratos por parte de sus familiares. Tiene muy poca confianza en sí mismo, pero es inteligente y pronto descubre que es mago. En el último libro, *Harry Potter y las reliquias de la muerte*, ya conoce sus virtudes y sus defectos. Ha ganado algunas batallas y perdido otras, y ha hecho amigos para toda la vida.

Como lectores de los libros o espectadores de las películas, quizá tengamos una opinión diferente sobre Harry de la que él tiene sobre sí mismo. Por ejemplo, Dumbledore tiene fe en él, mientras que el profesor Snape lo menosprecia. A veces, las personas que nos rodean tienen opiniones sobre nosotros y nuestras capacidades que difieren de las nuestras. Tal vez perciben virtudes y puntos fuertes que nosotros no nos reconocemos o quizá ven unas debilidades que no existen.

A lo largo de los años, nuestra historia puede verse influenciada por muchos factores, como el grado de implicación de nuestros padres en nuestra vida o si nos fue bien en el colegio, los deportes, el teatro o la música. Las interacciones con hermanos, amigos y parejas sentimentales también nos afectan, al igual que nuestro historial de salud física y mental, el nivel de estudios, las experiencias con la muerte, los divorcios, los triunfos y los momentos trágicos.

Estos factores son elementos clave en la historia que te cuentas a ti mismo sobre ti mismo y en la historia que te cuentan los demás sobre ti. Puede ser explícita (te dicen directamente lo que puedes o no puedes hacer, a veces basándose en pocas o ninguna prueba) o implícita (mensajes subliminales o sutiles que te llegan a través de personas, libros, televisión, películas, música y redes sociales).

Esta historia en tu cabeza moldea de forma directa lo que crees que es posible para ti. Moldea tu carrera profesional, a quién eliges como pareja y lo que haces en la vida, lo que incluye aficiones, decisiones, comportamientos, viajes, deportes, hábitos, estudios y mucho más. Incluso afecta a tu capacidad para divertirte, relajarte y tomarte descansos.

Tu historia puede resonar en tu cabeza y en tus emociones al repetirse en bucle (como la canción pegadiza de la que te he hablado antes), incluso cuando no hay nadie más alrededor.

Y puede limitarte en muchas áreas de tu vida. Al fin y al cabo, nos vemos inundados de obligaciones y factores estresantes, tanto personales como colectivos, que nos llevan a imponernos limitaciones innecesarias. A menudo, renunciamos a nuestras aspiraciones y nos conformamos con opciones menos ambiciosas de lo que queremos o necesitamos. Sin darnos cuenta, nos encerramos en una caja llena de límites, creyendo que lo que esperamos hacer o queremos dejar de hacer no es posible. En ocasiones, incluso nos decimos que esa cosa, esa idea, esa oportunidad no es posible para nosotros, pero sí para los demás.

Este era el caso de mi cliente, Ron, que tenía cuarenta años cuando comenzó la terapia conmigo. «Me siento un fracaso en todo», declaró durante nuestra primera sesión. «Mi prometida ha roto conmigo. Sigo presentándome a ofertas de trabajo, pero no me llaman para ninguna entrevista. Me siento estancado».

Cuando empezamos a hablar de su infancia, Ron me contó que su padre le decepcionaba una y otra vez. Le solía prometer que iría a recogerlo a casa de su madre y luego no aparecía. Esta experiencia repetida le llevó a crear una narrativa interna según la cual sus deseos y anhelos no eran importantes y nunca se cumplirían. Debido a esta historia, se acostumbró a no hacerse ilusiones. Aunque era listo, se sentía superado, por lo que no se esforzaba al máximo en clase, lo que le llevó a graduarse por los pelos en el instituto.

Aun así, por mucho que Ron intentara no decepcionarse, había una parte de él que no se rendía y seguía intentándolo. En la primera sesión, pude reformular lo que él siempre había visto como fracasos. Por ejemplo, hasta que le hice ver que era una persona que se negaba a rendirse, no fue consciente de ello. Le ayudé a darse cuenta de que nunca había tirado la toalla, sobre todo en sus estudios. Después de terminar el instituto con un aprobado justo, se empleó a fondo para entrar en la universidad, lo aceptaron en la facultad de Derecho (aunque decidió no seguir por ese camino) y, al momento de escribir este libro, ha cursado no uno, sino dos másteres, y habla español con fluidez. ¿Cómo podría eso convertirlo en un fracasado? Sin embargo, y aunque no era cierto que lo fuera, esa era la historia que le daba vueltas en la cabeza —como una canción pegadiza— desde la infancia.

A pesar de sus logros y de su tenacidad, a Ron le costaba cultivar su talento y su pasión por ser escritor. Debido a esa vieja historia, luchaba contra la inseguridad y el miedo al fracaso, convencido de que nadie querría leer lo que escribiera. De nuevo, no quería sufrir otra decepción, así que le costaba muchísimo empezar.

Durante el tiempo que trabajamos juntos, seguí ayudándolo a reformular esa historia interior negativa, como había hecho desde el primer día. Con el tiempo, empezó a integrar una nueva historia que le permitía darse más permiso. Esa nueva historia le ayudó a darse cuenta de que no se trataba del resultado, de si alguien leería o no su obra, sino de dejar de limitarse y vivir con valentía según sus propias reglas, no según el dolor del pasado que le había impuesto un relato falso en la cabeza.

A lo largo del proceso hubo varios comienzos, varios parones y muchos «casi», pero Ron se dio permiso para intentarlo. Ahora esa forma de pensar domina su vida. En estos momentos dice: «Lo intentaré. Me daré permiso». Y ahora está escribiendo con la esperanza de publicar algún día, además de haber empezado un pódcast.

A Ron no le fue fácil darse permiso para perseguir su sueño, pero eso es precisamente lo que todos debemos aprender a hacer. Tenemos que aprender a darnos permiso para ir más allá de la historia falsa que llevamos contándonos toda la vida.

Puede que descubras que, al igual que Ron, llevas tiempo menospreciándote con una historia negativa y que eso te ha impedido perseguir ciertos sueños o deseos. Este libro habla de descubrir que la historia que siempre has creído sobre ti mismo quizá no sea cierta después de todo. Y no tiene por qué serlo, si no es la historia que quieres seguir viviendo. Puedes hacer como Ron e integrar una nueva historia que te permita asumir riesgos, ser imperfecto, vivir con valentía y alcanzar todo tu potencial en cuanto a logros, disfrute y autocuidado.

Tú también puedes darte permiso para ser quien quieres ser y hacer lo que quieres hacer con tu vida.

¿Por qué soy terapeuta?

Por supuesto, yo también tengo mi propia experiencia personal con eso de darme permiso.

Me crie en una familia y en una cultura donde no se hablaba de psicología ni de salud mental, así que ¿cómo acabé convirtiéndome en terapeuta? ¿Cómo logré superar los mensajes sutiles, y a veces más directos, que recibí sobre la terapia? Los sutiles decían que no era una opción profesional viable. Al fin y al cabo, no veía a personas en la profesión que se parecieran a mí (hombres negros, concretamente). Los más directos eran que hablar de tus sentimientos te hace débil, que «basta con rezar» y que «lo que pasa en casa es asunto nuestro y se queda en casa». Así pues, en medio de todo eso, ¿cómo logré darme permiso para ser terapeuta?

Durante muchos años pensé que quería ser médico. Mis padres solían contar que, cuando tenía solo cinco años, dije: «¡Quiero ser médico como la tía Clover!». Era una amiga muy cercana de la familia y mi relación más próxima con un médico.

Ese deseo de ser médico continuó hasta el final de mi segundo año de universidad. Por desgracia, mis notas en las asignaturas de ciencias no eran ni de lejos tan altas como en las demás. Y, cuando me detuve a examinar de verdad el estilo de vida de un médico, me di cuenta de que no me atraía en absoluto.

Sin embargo, la historia que tenía en la cabeza era que, si me hacía médico, mis padres estarían orgullosos, y si no, se sentirían decepcionados. Esa narrativa casi me atrapó, porque sentía que cambiar de estudios equivalía a fallarle a mi familia. No era cierto, claro, pero yo mismo me había convencido de que sí lo era. La verdad era que la única persona a la que estaba defraudando era a mí mismo, por no seguir lo que de verdad sentía que era adecuado para mí, y eso me estaba haciendo infeliz.

Con el tiempo empecé a darme cuenta de que, a lo largo de mi vida, siempre había querido ayudar a los demás. Ver a mis padres ayudar a las personas de la comunidad —a veces entregándose en cuerpo y alma incluso cuando no tenían mucho que ofrecer— fue un ejemplo trascendente para mí. En la universidad, me sentí atraído de forma natural por aquellos clubes que se dedicaban a ayudar activamente a otros estudiantes del campus.

Después de muchas oraciones, varias conversaciones con mis profesores y una charla sincera y difícil con mis padres, logré darme permiso para cambiar mi especialidad de Biología a Psicología. Ese cambio me llevó al camino de mis sueños, lleno de propósito y satisfacción. Al final, seguí estudiando un posgrado en Psicología para formarme como terapeuta.

Todos esos momentos, llenos de deseo, de propósito y de ambición, me ayudaron a convertirme en el terapeuta, coach ejecutivo, consultor de empresas familiares y conferenciante internacional que soy en la actualidad. No habría llegado hasta aquí si no hubiera reconocido que mi camino inicial en la medicina no era el adecuado y no me hubiera dado permiso para hacer otra cosa.

Desde hace mucho tiempo me interesa entender qué hace que las personas se queden atascadas y qué las mantiene ahí. Me fascinan las razones por las que nos cuesta tanto perseguir nuestras aspiraciones y lo que solemos sacrificar cuando nos centramos en otras metas. Algunas personas se dan permiso en un ámbito de su vida, por ejemplo, mientras ignoran otros. En mi práctica clínica siempre he querido aprender más sobre las historias que se repite la gente y cómo esas historias pueden generar limitaciones que duran toda una vida. Esa fascinación, ese estudio y mi trabajo con los pacientes son los que me llevaron a escribir este libro.

El equilibrio entre lo práctico y lo profundo

En total, llevo más de veinticuatro años ejerciendo y cuento con más de doce años de educación superior, incluidos mis estudios de grado, además de mi propia experiencia vital. Cuando empecé a trabajar como terapeuta, creía que en cada sesión y con cada paciente tenía que producirse una profunda catarsis emocional. Muchos de mis pacientes lo creían también. Quizá era por los numerosos ejemplos que vemos en la televisión y la cultura popular, donde la terapia parece algo capaz de cambiarte la vida en una sola sesión magistral.

En consecuencia, me sentí atraído por teorías que analizaban la historia y las dinámicas familiares para ayudar a explicar el comportamiento actual (y a veces incluso el futuro). Utilizaba teorías como el modelo de sistemas familiares de Bowen (Kerr y Bowen, 1988), que subraya cómo nuestro comportamiento suele repetirse y parecerse al de nuestra familia y a las experiencias multigeneracionales que nos preceden. Un aspecto clave de la teoría de Bowen es la «diferenciación del yo», un proceso mediante el cual una persona es capaz de reconocer la influencia de los demás y, al mismo tiempo, pensar y sentir por sí misma. Para asegurarnos de que somos capaces de pensar y sentir de manera autónoma, es importante hacer un trabajo de autoexploración, reconocer cómo nos influyen los demás y encontrar nuestro yo verdadero, en algún punto entre la independencia total y la dependencia de los otros. Esta y otras teorías me sirvieron de guía para ayudar a mis pacientes a explorar los aspectos más profundos y reveladores de su situación actual.

Sin embargo, a medida que fui adquiriendo más experiencia, me di cuenta de que algunos pacientes necesitaban ayuda para hacer cambios de una forma más rápida. No buscaban introspección ni una perspectiva familiar: solo querían entender cómo podían cambiar, adaptarse y transformarse en ese momento. Utilicé enfoques como la terapia cognitivo-conductual

(TCC) para guiar a mis pacientes a través de la conexión entre sus pensamientos, sentimientos y comportamientos. Este enfoque era más práctico y muchos de mis clientes valoraban la capacidad de ir directamente al meollo del asunto.

Estas experiencias dieron forma a mi experiencia clínica general y me permitieron ofrecer soluciones, intervenciones y métodos prácticos, al tiempo que integraba exploraciones más profundas y reveladoras. Pasé de un enfoque excluyente a uno inclusivo en mi trabajo.

A la hora de guiar a las personas para que analicen en qué aspectos necesitan darse permiso a sí mismas o en cuáles les cuesta hacerlo, utilizo perspectivas tanto prácticas como profundas. Por ejemplo, a algunas personas les resulta fácil pedirle a su jefe un día libre, mientras que a otras les parece difícil. Y tenemos que entender por qué nos cuesta tanto. ¿Qué parte de nuestra historia está relacionada con nuestra dificultad para pedir un día libre? ¿O simplemente para tomarse un día libre en el caso de aquellos que tienen autonomía en sus horarios de trabajo? Cuando lo sepamos y seamos conscientes de eso, podremos empezar a cambiar lo que nuestra historia interna nos dice sobre tomarnos un día libre y darnos permiso para tomárnoslo. En la práctica, esto incluye mirar el calendario y elegir un día libre, y luego pedir ese día libre… o tomárnoslo y ya está.

Esta combinación de trabajo introspectivo y trabajo práctico me llevó a la terapia narrativa (White y Epston, 1993) y a la importancia de nuestras historias. Nuestras narrativas internas están vinculadas al dolor, los problemas y los mensajes de nuestro pasado, e influyen en las decisiones que tomamos en el presente. A lo largo de este libro, te invitaré a examinar tu narrativa interna reflexionando sobre las influencias de tu pasado (familia, cultura, comunidad) y tus decisiones en el presente.

La importancia del contexto

Creo que, además de los aspectos que ya he comentado, hay otros elementos de la vida que también forjan quiénes somos y cómo nos mostramos ante el mundo. Estas variables forman parte de nuestras experiencias vitales y pueden influir tanto en cómo vemos el mundo como en cómo el mundo nos ve a nosotros, y sería un error pasarlas por alto.

Estos aspectos contextuales desempeñan cierta función en la mayoría de las personas y, en algunos casos, un papel fundamental en su visión interna y externa del mundo. Estas variables pueden influir en la facilidad o la dificultad con la que nos damos permiso en determinadas áreas. Cada categoría puede ofrecer oportunidades de privilegio o ventaja, o bien de opresión o injusticia, según la identidad o identidades que tengamos. Entre las variables que influyen en nuestras experiencias vitales se incluyen —aunque no se limitan a— la raza, la etnia, la clase social, la edad, el género, la identidad sexual, la confesión religiosa, las capacidades y el historial de trauma. Además, la intersección de estas identidades, lo que se conoce como interseccionalidad, puede dar lugar a una experiencia más compleja y con múltiples capas.

Ten presente este factor al reflexionar sobre las dificultades a las que te has enfrentado en la vida.

¿En qué necesitas darte permiso?

A medida que vayas leyendo, este libro te irá guiando por distintos ámbitos en los que podrás explorar cómo darte permiso para empezar, parar, avanzar o probar algo distinto. En algunos momentos se te pedirá que anotes tus pensamientos o tus respuestas a ciertas preguntas, y podrás hacerlo en las páginas para notas que encontrarás al final del libro o, si lo prefieres, en un cuaderno. También encontrarás reflexiones más profundas para examinar tus bloqueos y las áreas en las que te sientes atascado; por ejemplo, por qué te ha costado tanto dejar una relación de varios años que no saca lo mejor de ti, o por qué aún no has pedido el número de identificación fiscal de tu nuevo negocio. Explorarás la historia que te cuentas sobre ti mismo y empezarás a escribir una nueva, para la nueva vida a la que te darás permiso de acceder.

Enhorabuena por emprender tu viaje hacia el permiso. Al iniciar este camino de reflexión, análisis y acción, será importante determinar qué apoyo adicional necesitas para cambiar tu narrativa. ¿Necesitas asistir a un seminario, trabajar con un coach, empezar o continuar una terapia, escribir un diario o algo distinto? Descubrir lo que necesitas para ser constante en los cambios se llama «comprometerte con el proceso».

Te animo a trabajar en este proceso y a usar este libro como una herramienta que te ayude a asumir riesgos, aceptar la imperfección, soltar tus limitaciones, abrirte a la vulnerabilidad y vivir con valentía.

Capítulo 1

Obstáculos al permiso

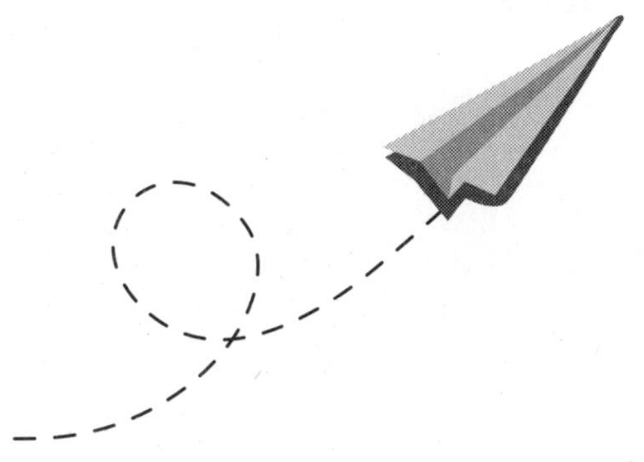

Siempre hice algo para lo que no estaba preparada
del todo. Creo que esa es la manera de crecer. Cuando
llega ese momento en el que dices «vaya, no creo que
pueda hacer esto» y superas esos momentos; ahí
es cuando avanzas.

Marissa Mayer

Gwendolyn James, mi madre, trabajó durante treinta y tres años como asistente de cuidado de pacientes (también conocido como auxiliar de enfermería) en el hospital Englewood. Antes de eso ayudaba a la familia Brown, quienes apoyaron su proceso migratorio de Jamaica a Estados Unidos. Era una mujer espiritual y líder de su iglesia. Repartía su tiempo entre el trabajo, la iglesia y la familia. Se pasó la mayoría del tiempo trabajando en los turnos de noche, normalmente de 23.00 a 7.00. A veces, también doblaba turno para cobrar horas extra.

Los fines de semana, se iba a trabajar el sábado por la noche y volvía el domingo por la mañana. Cuando llegaba a casa, hacía el desayuno y acudía a misa con la familia. Se pasaba gran parte del domingo en la iglesia, por lo menos seis horas. Al volver, encontraba la energía suficiente para preparar la cena y recibir vistas. Luego dormía un rato y volvía al trabajo para otro turno de noche.

Fui testigo de esta cadena de situaciones semana tras semana, mes tras mes, año tras año. Cuando no estaba trabajando se quedaba dormida en la mesa de la cocina. Nunca se tomó vacaciones, aunque siempre había querido viajar por el mundo.

Al principio de su vida profesional, tuvo la oportunidad de estudiar para enfermera, pero necesitaba el título de secundaria o similar, así que se presentó a un examen cuyo diploma era equivalente al título que necesitaba. Le faltó muy poco para aprobar. Mi madre me contaba que siempre había querido volver a presentarse, pero nunca lo hizo.

Esta mujer tan considerada, atenta, espiritual, amable y trabajadora se sacrificó al máximo por su familia y por muchas otras personas, pero no se dio permiso para hacer aquello que quería o necesitaba. No se permitió viajar, progresar en su carrera, descansar ni anteponer sus propias necesidades a las de los demás.

El privilegio de darse permiso

Darse permiso es un privilegio. Mucha gente desea permitirse más cosas de las que se permite, pero siente que no puede debido a sus circunstancias. A lo mejor no puedes tomarte el día libre porque necesitas el dinero o te han negado las vacaciones en el trabajo y tienes que ir sí o sí. Algunas personas tienen varios trabajos o hacen horas extra porque no llegan a fin de mes. A lo mejor tienes que cuidar de tus padres y de tus hijos, haciendo malabares para cubrir tus necesidades mientras te encargas de tu pequeño con problemas de aprendizaje o necesidades especiales. O tienes que coger varios autobuses, trenes o pagar servicios de transporte como Uber o Lyft para moverte por la ciudad. Tal vez eres una madre o un padre soltero que intenta criar a su hijo con el salario mínimo, o quizá tú o tu pareja os veis sobrepasados por los préstamos personales, o tienes una familia con problemas de salud y los gastos que eso conlleva. En la vida se interpondrán miles de obstáculos que te harán pensar que solo los demás pueden permitirse hacer aquello que desean…, pero tú no.

Esa narrativa de que la gente «como tú» no puede permitirse nada o que solo podrías hacerlo si tuvieras dinero es falsa.

Sí, la vida presenta obstáculos reales y cada individuo cuenta con privilegios únicos. Cuando estás estresado y te abruman las preocupaciones es especialmente complicado pensar en ti, pero, incluso cuando se presentan esos obstáculos, todos podemos encontrar la forma de permitirnos más cosas si cabe. No te excluyas, sean cuales sean tus circunstancias.

Es cierto: levantarte un día y permitirte un día para ti, dejar el trabajo, volver a estudiar o pasar el día con tu hijo o nieto en vez de mirar la bandeja de correo o emprender… es un privilegio. Pero cosas como pedir ayuda, hacer un voluntariado en un sector que te apasiona o tomarte con calma la universidad hasta tener los créditos suficientes para graduarte también es darse permiso. Todos nos podemos permitir cosas, solo que distarán un poco de una persona a otra en función de las circunstancias.

Mi madre nunca se permitió viajar, descansar ni darse autocuidado porque siempre priorizaba a los demás. A pesar de ser una de sus grandes virtudes, se interpuso en su capacidad para disfrutar de la vida. Permitirse cualquier cosa era un privilegio del que carecía, pero me hubiera gustado que supiera que todos tenemos el derecho de hacerlo.

Los cuatro obstáculos principales a la hora de darse permiso

Algunos de los motivos por los cuales mi madre no se permitía nada son los mismos por los que a ti y a mí nos cuesta permitirnos cosas. De hecho, entre esas razones se encuentran los cuatro obstáculos principales que me han comentado tanto pacientes como asistentes a mis charlas, y que he visto en mi trabajo con el paso de los años. A lo largo de este libro te iré dando ejemplos de darse permiso y te haré sugerencias sobre cómo hacerlo. Tampoco quiero que pienses que lo único que hay que hacer es decir «me permito hacer esto o lo otro» como si fueran palabras mágicas y al mover una varita todo saliera bien.

Hay algunos obstáculos tanto internos como externos que hacen que darte permiso se convierta en todo un reto. Los cuatro obstáculos principales que he observado son el estrés social (1), el estrés del liderazgo (2), el estrés de la injusticia (3) y el estrés por causas familiares (4).

Obstáculo n.º 1: estrés social

El estrés nos rodea. Según una encuesta realizada por el Instituto de Políticas de Salud de la Asociación Dental Norteamericana (ADA, por sus siglas en inglés) en 2021, más del 70% de los dentistas encuestados ha detectado un aumento en los problemas bucodentales asociados al estrés, como el bruxismo. Una encuesta anterior mostró que menos del 60% de los dentistas había tratado el bruxismo por estrés. Algunos miembros del Instituto de Políticas Sanitarias de ADA atribuyeron este aumento a la aparición de la COVID-19 y los factores de estrés que conllevó la enfermedad.

Sin embargo, hay muchos factores de estrés social a los que no prestamos atención de forma consciente. Continuamos con nuestro día pensando en lo que tenemos que hacer e ignoramos esos estresores hasta que nos vemos obligados a abordarlos de frente. ¿Cuántas veces has evitado ver las noticias o comer más de lo normal? ¿Cuántas veces has llorado en el coche antes de entrar en casa, te has peleado con alguien que no era el motivo real de tu frustración o te has ido a la cama esperando que desapareciera el dolor?

Por desgracia, el hecho de suprimir el impacto que nos causan estos estresores también suprime nuestra capacidad de darnos permiso. Resulta casi imposible poder protegerse de ese aluvión de factores de estrés si no identificamos que están presentes y nos afectan de algún modo u otro. Como dijo el psicólogo Carl Jung (2003): «Hasta que el inconsciente no se haga consciente, el subconsciente seguirá dirigiendo tu vida y tú lo llamarás destino». Estos estresores sociales dirigen nuestras vidas y todas las decisiones que tomamos, incluyendo darnos o no darnos permiso.

Lo que viene a continuación puede resultarte incómodo, pero es un paso necesario para empezar a darte permiso. Voy a enumerar ciertos temas que son factores de estrés habituales en nuestra vida. Tómate el tiempo de leerlos y preguntarte lo siguiente: en una escala del uno al diez, siendo el diez lo más alto y el uno lo más bajo, ¿cuál es tu nivel de estrés en cada categoría?

A continuación, hazte con papel y boli y apunta todo lo que te estresa. Asigna un número del uno al diez a cada elemento que has anotado para describir cómo de intenso resulta cada uno de ellos para ti. De las categorías que has puntuado con un seis o un valor superior, describe qué te causa estrés de ese elemento en concreto.

_________ COVID-19, virus respiratorio sincitial (VRS), gripe

_________ Guerras

_________ Violencia armada

_________ Tensiones políticas

_________ Injusticia (racismo, sexismo, homofobia, etc.)

_________ Trabajo, trabajo y más trabajo (¿qué es la conciliación?)

_________ Dinero (ganar más, no tener suficiente, ahorros, deudas)

_________ Economía (fluctuaciones en el mercado, inflación, jubilación)

_________ Rabia (no recibir lo que das, que te falten al respeto)

_________ Culpa (errores del pasado)

_________ Duelo (pérdida de seres queridos)

_________ Duelo (pérdida de un empleo o de la autonomía)

_________ Estrés o ansiedad (miedo a lo desconocido, preocupación, pensar en exceso)

_________ Preocupación por la familia (padres, hijos, familiares)

_________ Amistades (viejos y nuevos amigos)

_________ Traumas (físicos, sexuales, raciales, dolor del pasado)

_________ Enfermedades (dolencias, hospitalizaciones, miembros de la familia)

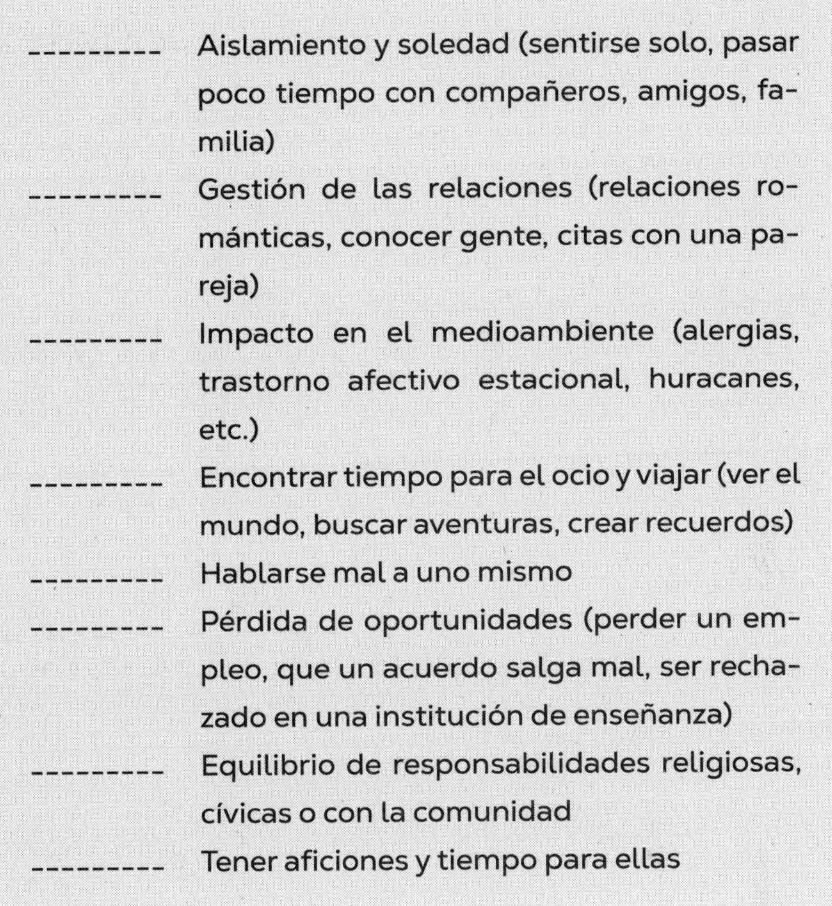

Después de leer esta lista podrías decir que todos son factores de estrés, cosa que puede ser cierta, ya que, con uno o más de estos estresores, darse permiso se vuelve complicado. Puedes pensar que estás demasiado estresado o que hay que hacer muchas cosas. Presta atención a lo que te dices y luego trabajaremos en ello mientras lees. Ser consciente de la narrativa que te cuentas sobre los factores de estrés social en tu vida es clave para conseguir que te permitas lo que quieras.

Obstáculo n.º 2: estrés por liderazgo

¿Qué conlleva ser un líder? A menudo atribuimos este título a los directores ejecutivos, a los altos cargos de las empresas, al capitán del equipo o a aquellas personas que saben hacerse oír. Sin embargo, un líder es más que un título, más que un empleo y más que llevar la voz cantante en una situación. Muchos de nosotros ya somos líderes en nuestro círculo: para nuestras familias, comunidad, lugares de culto, pueblo o ciudad, en el deporte que practicamos y en el trabajo. Podemos liderar a las personas siendo encargados, líderes de equipo, supervisores, dueños e incluso si solo intentamos ascender.

Cuando nos mostramos como líderes de forma constante aparecen ciertos estresores específicos; en *El líder resonante crea más*, Richard Boyatzis y Anne McKee (2005) lo llaman «estrés por poder»: los líderes suelen enfrentarse a retos nunca vividos antes que pueden activar un círculo vicioso de estrés, presión, sacrificio y disonancia. Si no se frena, este círculo puede crear una experiencia que llaman «síndrome del sacrificio», en el que los líderes siembran demasiado durante demasiado tiempo y no recogen lo suficiente, lo que hace que se sientan atrapados.

El síndrome del sacrificio y el estrés que experimentan los líderes como consecuencia interfieren en su capacidad de permitirse lo que desean. Los líderes empresariales entran en un estado de hiperconcentración con el trabajo, las tareas, la productividad, los márgenes de beneficios, los indicadores clave de rendimiento, solucionar los problemas de los demás y conseguir las metas que se proponen, además de estar pendientes de las obligaciones familiares y del hogar. Permitirse hacer algo puede no estar en su lista de cosas que hacer, pues la presión de guiar a los demás y tener éxito se puede interponer entre las vacaciones, descansar y pasar tiempo de calidad con sus seres queridos.

A menudo, los líderes empresariales dejan de lado esto último, escudándose en que son distracciones del trabajo. Los autores de *El líder resonante crea más* sugieren que hay una falta de renovación de líderes y, en consecuencia, existe una dificultad de escapar del síndrome del sacrificio. Hay demasiados líderes que piensan que permitirse una renovación tendrá un impacto negativo directo en su productividad y sus tareas, cuando en realidad los ayuda a alcanzar la meta general.

Así que no dejes que tu definición de líder te arrastre al síndrome del sacrificio; permítete renovarte e integra bienestar y tiempo de calidad con tu familia y amigos en tu liderazgo.

Obstáculo n.º 3: estrés por injusticia

En 1963, el doctor Martin Luther King Jr. escribía lo siguiente en una carta desde una cárcel de Birmingham, Alabama: «La injusticia cometida en cualquier lugar constituye una amenaza a la justicia en todas partes. Estamos inmersos en una red indestructible de relaciones mutuas, atados a un mismo destino. Cualquier cosa que afecte a una persona de manera directa afecta indirectamente a todos».

La injusticia también amenaza tu capacidad de permitirte cosas. El dolor que causan las injusticias como el sexismo, el racismo, la homofobia, el edadismo y los traumas pueden producir problemas graves de carácter mental, emocional y físico. Cuando experimentas y presencias una injusticia, puede hacer que te cuestiones a ti mismo, que dejes de creer en ti o que creas que hay algo malo en tu forma de ser. Ese ruido interno es tan alto y confuso que puede hacer que te veas desbordado por un diálogo interno negativo que te dice que no eres inteligente, capaz, atractivo ni merecedor de nada bueno.

Permitirte vivir con valentía, comenzar un negocio, ir a terapia, arriesgarte o sanarte de un trauma puede ser complicado tras experimentar una injusticia. Si nunca te ha pasado, puedes pensar que exagero, pero, después de casi veinticinco años escuchando a pacientes contarme sus experiencias con las injusticias, sé que sus consecuencias son reales y no una excusa.

Si abogas y luchas por aquellos a los que han tratado de forma injusta, también puede ser complicado permitirte cosas. Esto se debe principalmente a que tiendes a pensar que, si te tomas un descanso o empiezas a pasar más tiempo con la familia, decepcionarás a las personas a las que quieres ayudar.

Veamos la definición de una forma de injusticia: el trauma racial.

«El trauma racial se refiere a los síntomas emocionales y físicos que acostumbran a experimentar las familias negras y las personas de color debido a las microagresiones y experiencias racistas. Incluye heridas intergeneracionales que resultan de las consecuencias personales y colectivas que causa el racismo» (James, 2020). Incluye, pero no se limita a, los siguientes síntomas: estado de hipervigilancia, dolor físico, vergüenza, miedo, insomnio, culpa, dolores de cabeza, confusión, entumecimiento, rabia, falta de productividad, depresión, ansiedad, falta de deseo sexual y silencio (James, 2020).

Otras formas de injusticia tienen un impacto similar y, por culpa de todos estos síntomas, permitirse defenderse, sanar o tomarse un día libre de la lucha puede ser lo último que planeas hacer, si es que está en tu lista de quehaceres. La injusticia quiere robarte la felicidad y tu propósito en la vida; quiere privarte de vivir con valentía, de encontrar un trabajo en el que se celebren tus logros, de ir a terapia, de pasar tiempo de calidad con tus seres queridos o de ser tú mismo.

No será fácil, pero puedes recuperar la capacidad de permitirte cosas tras haber sufrido injusticias. Eso significa que tendrás que admitir que estás experimentando el dolor que eso conlleva, y tendrás que plantar cara a los retos internos que plantean mientras abogas por el fin de las injusticias y cuidas de ti.

Obstáculo n.º 4: estrés por causas familiares

El último obstáculo que nos impide darnos permiso proviene de la familia. En concreto, de nuestra familia de origen. En el mundo de la salud mental, se culpa mucho a las familias de los problemas a los que nos enfrentamos. Esto se debe a que nuestra familia, sobre todo nuestros padres, moldean nuestro desarrollo temprano, que incluye el apego, el carácter, algunas partes de nuestra personalidad, el comportamiento y las creencias. Esto sucede aunque tengamos dos cuidadores, uno o ninguno.

Las experiencias que tenemos en la infancia forjan nuestros impulsos, ambiciones, sensibilidad, inseguridades, empatía y muchas otras cualidades, como la confianza en nosotros mismos. Nuestra familia de origen comienza nuestro proceso de desarrollo de la personalidad y nosotros le damos forma conforme tomamos decisiones en la vida. Lo mismo ocurre con el hecho de darnos permiso. Aprendemos primero a darnos permiso observando a los miembros de nuestra familia. En las áreas en las que ellos se dan permiso, nos resulta más fácil hacerlo también. Por ejemplo, si nuestros padres se permiten volver a estudiar, eso nos ayudará a centrarnos en nuestra educación.

Como he mencionado antes, vi a mi madre trabajar con ahínco mientras cuidaba de todos a su alrededor. De la misma forma, vi a mi padre trabajar en varios sitios e intentar montar varios negocios. A través de esos ejemplos aprendí a valorar el trabajo duro. Sin embargo, a la vez, vi que mi madre no descansaba nunca, ni hacía ejercicio ni practicaba ningún tipo de autocuidado. Tuve que esforzarme de forma consciente a la hora de darme permiso en esas áreas. Algunas fueron más complicadas que otras por lo que aprendí durante la infancia.

Por supuesto, la responsabilidad no recae por completo en nuestra familia, pero examinar nuestras primeras experiencias puede ayudarnos a entender por qué nos cuesta darnos permiso en ciertos ámbitos. Echando la vista atrás, pregúntate cuándo viste a tus padres o cuidadores darse permiso. ¿Qué aprendiste de tu familia sobre el trabajo, el descanso, hacer ejercicio, la comida, el autocuidado, el dinero, los propósitos en la vida, los estudios o el amor?

Piensa en tu familia de origen y anota tus pensamientos en un diario. Este proceso puede ayudarte a comprender cómo empezó tu narrativa sobre ti mismo y qué creencias tienes sobre lo que puedes o no puedes hacer. Después podrás comenzar a trabajar para cambiar esa narrativa.

No importa que haya cosas que no aprendieras cuando eras

pequeño: puedes empezar el proceso de darte permiso ahora mismo. A medida que leas este libro, si sientes que te atascas, piensa qué obstáculo está relacionado con esa sensación. Si sigues bloqueado después de terminarlo, vuelve a leer esta página: te ayudará a trabajar en tu plan para darte permiso.

Puedes hacerlo. Y da igual cuántos obstáculos haya en el camino.

Al final de cada capítulo encontrarás preguntas, ejercicios o reflexiones. Utiliza esas propuestas como guías para explorar cómo darte permiso. Escribir sobre ellas te dará una visión más profunda sobre tus metas personales y profesionales.

Tómate tu tiempo para pensar, sentir y responder a cada pregunta. Si te sientes abrumado, haz una pausa y sigue escribiendo en otro momento. También puedes reflexionar sobre estas cuestiones en un rato de silencio, meditación u oración, o comentarlas con un terapeuta, un coach o una amistad de confianza.

- ¿Cómo influye en ti y en tus decisiones la creencia de que darte permiso es un privilegio?

- ¿Cuál de los **cuatro obstáculos** te resulta más complicado de superar? Escribe los motivos por los que creas que es el más complicado.

    1) ....
    ....

    2) ....
    ....

    3) ....
    ....

    4) ....

- ¿Qué has aprendido de tu familia que te dificulte darte permiso?

    ....
    ....
    ....
    ....
    ....
    ....
    ....
    ....
    ....
    ....
    ....
    ....

Capítulo 2

Me doy permiso para arriesgar, fracasar y vivir con valentía

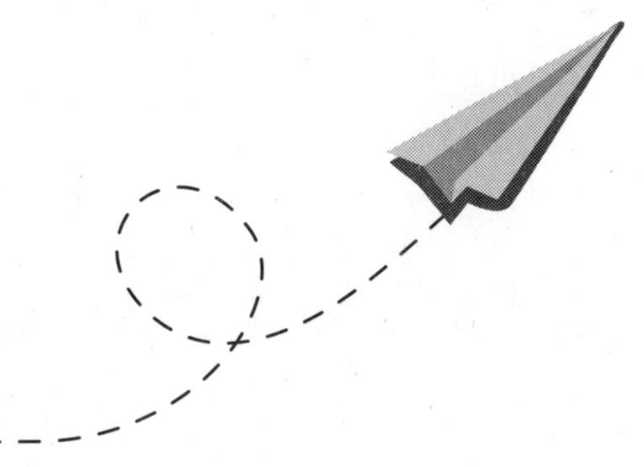

Cuando nos damos permiso para fracasar,
nos damos permiso para sobresalir.

Eloise Ristad

Diego tenía veintitantos años cuando empezamos a trabajar juntos. Estaba en su primer empleo después de la universidad, un puesto que implicaba muchas horas, llamadas a puerta fría y discursos de ventas, todo bajo el mando de un encargado difícil. Odiaba cada minuto de aquel trabajo, pero sentía que tenía que hacer lo que se esperaba de él y seguir. Decidió ir a terapia porque, debido al trabajo, sufría de mucha ansiedad al mismo tiempo que estaba de duelo por la muerte de su padre.

Perder a un padre, a cualquier edad, es durísimo, pero es especialmente complejo en la veintena. Durante esta fase de tu vida es normal sentir que tus padres seguirán ahí muchos años más para guiarte en los altibajos de la vida. La muerte de un padre o madre a esta edad no solo acarrea un duelo, sino también una lucha interna con el concepto de la mortalidad. Lo que agravaba el dolor de Diego fue que su padre había muerto a causa de una enfermedad hereditaria que tanto Diego como sus hermanos tenían una alta posibilidad de desarrollar. En el peor de los casos, significaba que desarrollaría esa enfermedad antes de cumplir los cuarenta, lo cual impactaría de forma sustancial en su calidad de vida y hasta podría suponer una muerte prematura.

Diego no podía parar de pensar en el futuro, lo que implicaba que no podía dejar de pensar en la posibilidad de morir. Entre la presión del trabajo y los pensamientos constantes acerca de su futuro, estaba sumido en una crisis profunda de ansiedad.

Juntos trabajamos en estrategias como ejercicios de respiración, encontrar formas de permanecer en el presente y prestar atención a sus pensamientos y a la historia que estaba creando. Mientras procesaba su pérdida, también hablamos de cómo podría honrar a su padre.

Diego me contó que a su padre le encantaba reír, viajar y vivir la vida al máximo. Recordar a su padre de esta forma le inspiraba, pero pronto volvía a sentir que no podría ser como él. Se sentía atrapado en aquel empleo y en la ansiedad.

Con el tiempo, seguimos hablando sobre sus limitaciones autoimpuestas. Al final, decidió darse permiso para viajar, y no hacer solo un viaje a la playa o al Caribe, no. Quería ver el mundo de verdad. Encontró formas creativas de financiar sus viajes, como aceptar trabajos esporádicos, recibir ayuda económica de miembros de su familia o dormir en sofás en algunas etapas del viaje.

Nos mantuvimos en contacto durante sus distintas paradas por correo electrónico y a través de la página web de viajes que había creado. Ver mundo le abrió los ojos a las infinitas posibilidades. Darse permiso para viajar le llevó a darse permiso para correr riesgos mientras viajaba, lo que desembocó en darse permiso para creer en sí mismo y en su futuro.

A la vuelta, supo que quería ser director general; lideraría una empresa propia y ganaría el suficiente dinero para financiar los avances y encontrar una cura para la enfermedad de su padre. Descubrió que tenía opciones, más allá del empleo en el que trabajaba desde hacía solo seis meses.

Poco después, Diego dio el paso y empezó su propio negocio, y todo porque había trabajado en sus creencias sobre las limitaciones y se permitió arriesgarse y vivir con valentía.

Arriesgarse

Hemos escuchado historias de personas que han usado hasta el último céntimo que les quedaba para montar un negocio o cambiar de carrera en un sector distinto, personas que volvieron a estudiar mientras trabajaban y criaban a sus hijos, que se mudaron a una ciudad nueva ellos solos, que contaron públicamente sus dificultades de salud mental o que vencieron las probabilidades y alcanzaron un gran nivel de éxito. ¿Qué tienen en común? Todos estaban dispuestos a arriesgarse y a creer que sus sueños eran posibles.

No es fácil darse permiso para arriesgar. ¿Recuerdas esas historias en nuestra cabeza de las que hemos hablado antes? Pues se vuelven todavía más ruidosas cuando pensamos en dar el paso. Las historias de limitaciones que nos contamos ponen en duda nuestros deseos o nos dicen que fracasaremos otra vez. Pero tú podrías ser la persona que consiga algo fabuloso, sea lo que sea. Y eso empieza por darte permiso para arriesgar.

En los Juegos Olímpicos de París del 2024, la estrella de atletismo estadounidense Noah Lyles ganó la medalla de oro de los 100 metros en una increíble final. Lo que fue más increíble todavía fue el comentario que hizo el 4 de agosto de 2024 en X (antes conocido como Twitter) tras ganar la carrera. Dijo: «Tengo asma, alergias, dislexia, TDA, ansiedad y depresión. Pero te diré que lo que tienes no define lo que puedes llegar a ser. ¿Por qué no tú?».

No permitió que el relato en torno a ninguno de sus diagnósticos le impidiera arriesgarse y apostar por él mismo. Estuvo dispuesto a darse permiso para correr el riesgo de fracasar. Creía que podían pasarle cosas extraordinarias, igual que pueden sucederte a ti. También recurrió a sus sistemas de apoyo. Antes de la carrera con la que ganó la medalla de oro, habló con su psicólogo, que le ayudó a centrarse.

¿Con qué apoyos cuentas tú para que te ayuden? ¿Qué riesgos estás asumiendo? La historia de Noah es un gran recordatorio para todos: tenemos que darnos permiso para asumir riesgos y confiar en nosotros mismos. Así que ¿por qué no tú?

Respuesta de huida, lucha y bloqueo

En cuanto nos damos permiso para arriesgar, empezamos de verdad a sentir nuestros miedos, sobre todo, el miedo a fracasar. ¿Y si nos arriesgamos y fracasamos? ¿Y si [*piensa en lo peor que podría pasar*] ocurre?

El miedo a fracasar puede crear varias reacciones. Por lo general, hemos oído hablar de historias de respuestas de huida o lucha cuando nos enfrentamos a un reto o a una situación traumática. A veces, para evitar el riesgo, luchamos contra nuestros deseos y, otras, huimos, apartándonos de la situación o evitándola para evadir el riesgo.

En el modo lucha, el cuerpo empieza a prepararse de forma física para enfrentarse a la amenaza percibida. Sin embargo, ¿qué ocurre cuando esa amenaza percibida es el fracaso? Cuando empiezas a ver a tus deseos y objetivos como una amenaza, tu mente, cuerpo y emociones se preparan para la lucha, pero se trata de una lucha contra ti mismo. Ron, de quien te hablaba en la introducción, se ponía en modo lucha a menudo. En cuanto contaba su deseo de ser escritor, se ponía en modo lucha y enseguida se daba un revés a sí mismo al decirse «nadie leerá lo que escribo, así que ¿por qué intentarlo siquiera?».

En el modo huida, el cuerpo se prepara para correr o evitar la amenaza percibida. ¿Cómo huimos o evitamos nuestros deseos y objetivos? Se puede hacer de varias formas: una de ellas es mantenerse ocupado. Muchas personas ven a alguien ocupado y creen que esta persona se está acercando a sus objetivos, pero, a veces, estar ocupado es una manera precisamente de evitarlos. Estar ocupado puede ser por elección o por necesidad, pero en cualquier caso puede mantenerte alejado de tus deseos. Mi madre, Gwendolyn, solía estar ocupada y era, más que nada, por necesidad. Tenía que trabajar muchas horas fuera y dentro de casa, en la iglesia y para la comunidad, y eso le dejaba poco tiempo para volver a estudiar o para viajar, sus dos principales deseos.

El bloqueo es otra de las respuestas de la que no se habla tan a menudo. El miedo puede hacernos sentir atascados y puede empujarnos a hacer de todo… menos lo que nos da miedo. En modo bloqueo, el cuerpo está atrapado entre huir y luchar. En lugar de prepararnos para enfrentarnos físicamente o para huir, el cuerpo ralentiza sus respuestas y todo se detiene.

¿Cómo alcanzas tus deseos si estás bloqueado? Muchos de nosotros nos bloqueamos más de lo que somos conscientes. Nos quedamos atascados en nuestros pensamientos, acciones y emociones, retrasando o deteniendo por completo nuestra habilidad para avanzar. Al principio de este capítulo te hablaba de Diego, que se sentía atrapado entre su trabajo, su duelo y sus deseos para el futuro. No sabía qué hacer ni cómo hacerlo, y le costaba darse permiso para hacer algo distinto.

Nuestros miedos pueden ocupar mucho espacio en la mente y crear una narrativa falsa sobre quiénes somos y qué somos capaces de conseguir. Muchos de nosotros tenemos varios deseos, objetivos y aspiraciones que no perseguimos por culpa de esos miedos. Michael Jordan, seis veces campeón de la NBA (Asociación Nacional de Baloncesto), en su discurso en el salón de la fama del baloncesto Naismith en 2009, dijo: «Nunca digas nunca, porque los límites, como los miedos, a menudo son solo una ilusión».

¿Tu miedo a fracasar se interpone en tu camino? Darte permiso para fracasar significa aceptar la posibilidad de que podrías no tener éxito; acepta tus miedos y encuentra formas de seguir adelante con tus objetivos, sueños y aspiraciones.

Vive con valentía

Lo que nos dicen quienes nos rodean y las historias sobre nosotros mismos con las que crecemos pueden llevarnos a poner límites a lo que creemos posible. Estas limitaciones pueden estar basadas en la raza, la clase social percibida, el género, la edad, la identidad sexual o las capacidades, pero también pueden tener su origen en los traumas o en los momentos difíciles que hayamos vivido.

Hay un fenómeno psicológico interesante llamado *indefensión aprendida*, que suele darse cuando alguien vive muchas situaciones negativas y acaba creando un relato interno según el cual no tiene poder para cambiar su realidad.

Así, cuando surgen oportunidades que le podrían ayudar a cambiar sus circunstancias, no las aprovecha. Mientras que otras personas en su entorno pueden ver su potencial y sus posibilidades ilimitadas, esa persona solo alcanza a ver sus limitaciones.

La parte más dura de la indefensión aprendida es que, cuando te encuentras en esa situación, no te das cuenta de que puedes estar viendo limitaciones que ni siquiera existen. Ves obstáculos y crees que tu idea de montar un negocio, tu deseo de empezar una nueva relación o tus esperanzas de romper un hábito no tienen posibilidades de prosperar.

Por difícil que parezca, la mayoría de las limitaciones están en tu mente. Sí, claro que hay fronteras reales para algunas cosas. Por ejemplo, la probabilidad de convertirte en la bailarina principal del American Ballet Theatre sin experiencia previa en danza o de entrar en la Liga Nacional de Hockey por primera vez a los cuarenta son escasas. Pero la capacidad de influir en la cultura, en los protagonistas y en las comunidades a través de tu talento, tu esfuerzo, tu creatividad y tus conocimientos es infinita. Cuando empiezas a darte permiso para arriesgar, fracasar y vivir con valentía, te acercas un paso más a tu objetivo. Y, con cada paso, reduces tanto las limitaciones reales como las percibidas. En *Eleanor* (2020), el autor, David Michaelis, presenta un relato de la inspiradora vida de Eleanor Roosevelt e incluye historias de las dificultades que tuvo que superar y de cómo se forzaba a hacer cosas fuera de su zona de confort. El libro incluye una de sus frases célebres: «Haz algo cada día que te dé miedo».

Así pues, hoy, date permiso y date la oportunidad de vivir con el tipo de valentía que te inspire a ti y también a los demás.

Tu primera pieza de dominó

Imagina un conjunto de fichas de dominó colocadas de tal forma que cada una derriba a la siguiente hasta que la última acciona una palanca y aparece un premio. Para que todo eso ocurra, tienes que empujar la primera ficha, la más cercana a ti. Ese es el paso inicial —el catalizador— que pone en marcha todo el proceso. Ahora, date permiso para hacer una cosa pequeña que te parezca asumible (la primera pieza de dominó) y elige la fecha para llevarla a cabo.

¿Cuál será la primera pieza de dominó que te ayudará a darte permiso para vivir con más alegría, renovación y propósito? ¿Le vas a pedir una cita a la persona que te gusta? ¿Te apuntarás a un curso? ¿Darás un giro a tu carrera? ¿Decidirás quedarte en casa y cuidar de los niños a tiempo completo? ¿Cantarás en el karaoke de la fiesta de la oficina? ¿Aprenderás a nadar, esquiar, jugar al golf o a tocar un instrumento? ¿Te dedicarás media hora (aunque sea solo para echarte una siesta)? ¿Visitarás a un coach? ¿Volverás a terapia (tal vez con un nuevo psicólogo) tras tomarte un descanso? ¿O, simplemente, dejarás de creer que «no puedes» o «no debes» vivir con más valentía? Por ahora, solo tienes que pensar en esa primera ficha, no en todo el recorrido que te llevará hasta el final.

En la introducción, te contaba la historia de Ron. Su primera pieza de dominó fueron los pensamientos negativos que le decían que nunca le pasaría nada bueno. Al mismo tiempo, su deseo de escribir y de compartir sus perspectivas nunca desapareció. Hablamos de las distintas posibilidades: desde escribir en un blog, trabajar para un periódico local, empezar un pódcast o publicar algo en redes sociales. En cada ocasión, se sentía abrumado por la tarea. A medida que pasaba el tiempo, hablamos de grabar un episodio de pódcast que no tuviera por qué publicar.

Y eso hizo. Grabó dos episodios. Ron me comentó que estaba nervioso, que los pensamientos negativos le hacían pensar que el episodio no era bueno. Para asumir su responsabilidad, se dio un empujoncito más y publicó los episodios, que luego me envió. Me sentí muy orgulloso de Ron porque se dio permiso para intentar algo nuevo que llevaba tiempo rondándole la cabeza. Los episodios eran buenos, sinceros, vulnerables y divertidos.

¿Cuál será tu primer paso? ¿Quién te ayudará? ¿Quién te servirá de apoyo y te acompañará para que cumplas? Como Ron, puedes dar tu primer paso y darte permiso.

¡Vamos a practicar! **Tómate un momento para pensar sobre esto:** imagina que no tuvieses límites ni miedo a fracasar y que estuvieses dispuesto a arriesgarte.

- ¿A qué te darías permiso?

....
....
....
....
....
....
....

- ¿Qué te traería alegría, entusiasmo, aventura, propósito, curiosidad y diversión?

....
....
....
....
....
....
....
....

Apunta lo que te venga a la mente. Piensa en cómo sería tu vida y apunta las diferencias entre cómo es tu vida ahora y esta versión ideal que imaginas.

A continuación, **apunta lo que te está frenando**: ¿cuáles dirías que son tus obstáculos? ¿Qué te dices a ti mismo que te impide arriesgarte, vivir con más valentía y hacer las cosas que acabas de apuntar? ¿Cómo puedes adoptar una mentalidad de «¿y por qué yo no?» y «¿por qué no intentarlo?»?

Una forma de hacerlo es **reflexionar acerca de tus habilidades, talentos, capacidades, formación y otras partes de ti.** Recuérdate a ti mismo que tú también eres capaz, de la misma forma que esa gente a la que admiras, a la que ves en las redes sociales o cuyas historias lees. Presta atención a los pensamientos negativos que intentan decirte que esas cosas únicamente les pasan a los demás y no a ti. Luego, escoge un área en la que te quieras centrar. Investiga, busca apoyo en otras personas, desarrolla un plan y di: «Sí, puedo hacerlo. ¡¿Por qué no yo?!».

Capítulo 3

Me doy permiso para no ser perfecto

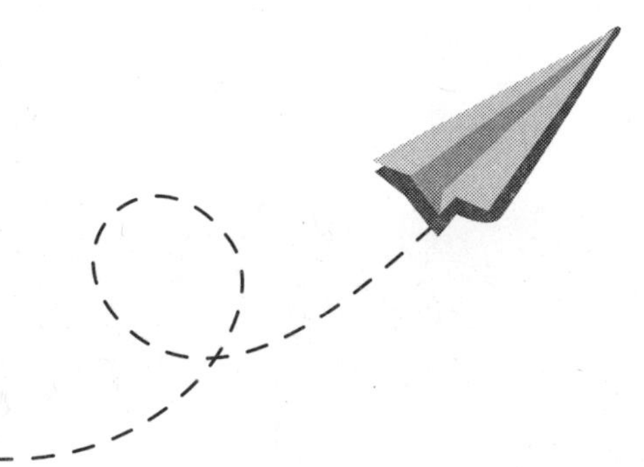

Nuestra fuerza no radica en esperar la perfección
de nosotros mismos, sino en entender que nuestra
mayor fuerza es la habilidad que tenemos de aprender.
La autocompasión significa aceptar desde el amor
nuestras limitaciones actuales, de tal forma que
sustente nuestra habilidad para crecer.

Dra. Kathryn Ford

«Nunca consigo que mi madre reconozca mis logros», me dijo Alexandra en una sesión de terapia. «Intento ser perfecta con todas mis fuerzas, pero ni siquiera eso es suficiente, para ella. Cada vez que le hablo sobre algo que he conseguido, empieza a hablar de sí misma. Es como si compitiera conmigo. Cuando era niña, ni siquiera me felicitaba por sacar sobresalientes en todas las asignaturas».

Alexandra empezó a contarme que, a los 35 años —su edad actual—, había llegado a lo más alto de su profesión y estaba casada con un marido de revista con el que había tenido un niño precioso. Aun así, se encontraba estresada e infeliz. Intentar con tantas fuerzas ser siempre perfecta le estaba pasando factura, y su presunto matrimonio de revista no era tan perfecto.

Su marido apenas le hablaba, nunca echaba una mano en casa y su vida sexual era inexistente. Aun así, sentía que no podía dejarle porque divorciarse significaría que habría fracasado. ¿Qué pensarían sus amigos? ¿Qué pensaría su madre?

De niña, Alexandra había desarrollado la creencia inconsciente de que, si fuera perfecta, su madre al fin le mostraría reconocimiento. En la terapia, empezó a darse cuenta de que su deseo vital de alcanzar la perfección estaba mal enfocado. Estaba permitiendo que las percepciones de su madre dictaran la forma en que vivía y, a pesar de lo que hiciera, su madre simplemente no era capaz de darle el tipo de atención que quería.

Todos tenemos una historia detrás, incluida la madre de Alexandra. Su madre se crio en una época en la que no se reconocían las voces ni los logros de las mujeres. Solía pensar que tenía que esforzarse el doble para obtener el reconocimiento que creía merecer. Con el paso de los años, empezó a asegurarse de que los demás tuvieran en cuenta todos sus grandes esfuerzos. Por desgracia, hasta hoy, no reconoce el impacto que esto ha tenido en sus hijos.

Durante nuestras sesiones, Alexandra tomó conciencia de que tenía que quererse a sí misma y dejar de esforzarse tanto por ganarse el amor y la aceptación de los demás. La aprobación que necesitaba era la suya propia, no la de su madre, pero eso significaba darse permiso a sí misma para no ser perfecta. Significaba aprender a aceptarse a sí misma como un ser humano con defectos y conflictos. Cuando fuera capaz de hacer eso, también podría darse permiso para crear una vida que funcionara de verdad para ella.

Desde entonces, Alexandra ha sido capaz de reducir las expectativas perfeccionistas de sí misma, incluso ha perdonado a su madre por ser imperfecta también. Por supuesto, no pasó de ser perfeccionista a ser despreocupada al cien por cien, pero darse permiso no consiste en eso. Darnos permiso es un proceso diario en el que reconocemos que nuestro deseo de ser perfectos es una señal de que necesitamos recibir aceptación no solo por parte de los demás, sino también por nuestra parte. Tenemos que soltar el perfeccionismo tanto como podamos mientras nos damos amor y comprensión. Este proceso diario nos puede llevar a un estado de satisfacción y de paz.

Gracias a este proceso cotidiano, Alexandra aprendió a percatarse de cuándo perseguía la perfección y a darse permiso para ser humana. Vivir la vida según sus propias normas —en vez de seguir las normas imaginarias de otra persona— le abrió un mundo nuevo de posibilidades. De repente, era capaz de tomar decisiones, entre las que se encontraba divorciarse. Ella y su marido pudieron separarse de manera amistosa y criar a su hijo en común mejor que cuando estaban juntos. Superar el perfeccionismo significó darse permiso para hacer lo que quería de verdad en todos los aspectos de su vida.

La búsqueda de la perfección

¿Cuántos de nosotros somos como Alexandra sin darnos cuenta? Nos esforzamos demasiado para «ganarnos» nuestro lugar en el mundo y nos da miedo que nuestro éxito o posición se vean comprometidos si cometemos el más mínimo error. Por eso luchamos para que todo salga bien, con la esperanza de evitar cualquier fallo y que nadie se enfade con nosotros o nos critique. Si somos capaces de lograrlo, no nos meteremos en problemas, no nos rechazarán y todo el mundo nos aceptará. A nivel inconsciente, creemos que, si pudiéramos ser perfectos, se nos querría de verdad.

Pero la perfección no existe; es una ilusión, una fantasía. No solo es imposible para un ser humano alcanzar la perfección, sino que ni siquiera dos personas distintas jamás se pondrían de acuerdo en lo que significa.

Todos hemos sido testigos de lo que la búsqueda de la perfección puede provocar en las personas. La bailarina de ballet que llega a la cima de su profesión, pero que daña su cuerpo fumando y luchando contra trastornos alimentarios. El estudiante con el mejor expediente de la clase que se suicida por no ser aceptado en una universidad de élite, porque lo ve como la única oportunidad de llegar al éxito. La madre o el padre que presiona a su hijo para que sea el mejor en todo (a nivel académico, deportivo y musical), porque el éxito de su hijo es un reflejo de su estilo de crianza. El hombre que se machaca en el gimnasio convencido de que su fuerza y sus abdominales cincelados le ayudarán a evitar que lo critiquen por su forma de ser. La mujer que siente que tiene que preparar la comida navideña perfecta para su suegra. El deportista que cree que debe ganar a toda costa porque, si no, será un fracaso. O alguien como Alexandra, que aguanta demasiado en un matrimonio infeliz porque no soporta la idea de que la consideren imperfecta.

En ocasiones ni siquiera nos damos permiso para reconocer que hemos hecho un buen trabajo si no es el trabajo «perfecto» según nuestra definición. No reconocemos nuestros propios logros de la misma forma que la madre de Alexandra no reconocía los de su hija.

Podemos pensar que el perfeccionismo es algo positivo en el colegio o en el trabajo, pero hay estudios que demuestran que los perfeccionistas no tienen mejor rendimiento que los no perfeccionistas en el mundo laboral. Los autores de un artículo publicado en 2018 en la revista *Harvard Business Review* evaluaron 95 estudios sobre el perfeccionismo llevados a cabo durante un lapso de más de cuatro décadas que incluían a casi 25.000 personas en edad de trabajar. Concluyeron que los perfeccionistas también son más propensos al estrés, el desgaste profesional, la ansiedad y la depresión (Swider *et al.*, 2018).

A su vez, otro estudio sobre más de 40.000 estudiantes en Estados Unidos, Canadá y Gran Bretaña reveló que el perfeccionismo había aumentado un 33 % entre 1989 y 2016 (Curran y Hill, 2019). Según los Centros para el Control y la Prevención de Enfermedades de Estados Unidos (CDC, por sus siglas en inglés), el suicidio es, hoy en día, la segunda causa de muerte en Estados Unidos de los jóvenes de entre 10 y 14 años y de entre 24 y 34 años, y la tercera causa de muerte para las personas de entre 15 y 24 años (2022). Resulta evidente que el perfeccionismo es un problema generalizado que va a peor.

La causa principal del perfeccionismo

El perfeccionismo nace de la inseguridad. La mayoría de la gente sucumbe a él porque tienen miedo de no ser lo bastante buena si no es perfecta. A los perfeccionistas les da miedo mostrarse vulnerables o admitir defectos porque, en su mente, eso significa que no son dignos, pero todos tenemos defectos. Todos. La clave para curar el perfeccionismo no se basa solo en relajar las expectativas, sino también en afrontar nuestras inseguridades. Debemos aprender a darnos un respiro y renunciar a nuestras exigencias irrazonables, como empezó a hacer Alexandra.

Por supuesto, cuando aconsejo que abandones la necesidad de ser perfecto, no me refiero a que dejes de esforzarte para alcanzar la excelencia. Cuando buscamos la excelencia, lo hacemos lo mejor que podemos. Con el perfeccionismo, ni siquiera la excelencia es lo bastante buena porque intentamos alcanzar un ideal imposible, casi sobrehumano.

Cuando tengo una charla formal o una aparición en los medios, por ejemplo, no me preocupa trabarme un poco de vez en cuando al hablar. A la gente le gusta que mostremos nuestras imperfecciones: nos hace más cercanos. Soy alguien que sale en su pantalla, pero sigo siendo humano. Como es evidente, tardé algún tiempo en sentirme cómodo a la hora de permitirme esos «tropiezos». Antes creía que tenía que ser perfecto cuando salía por televisión. Me tuve que dar permiso para ser humano una y otra vez.

Como hemos visto con la historia de Alexandra, ella tenía miedo de no recibir nunca la aprobación de su madre, lo que le hacía sentirse muy insegura. Al mismo tiempo, se dio cuenta de que a su madre le habían hecho daño en el pasado, por lo que buscaba su propia aceptación a través de la competencia. Todo cambió cuando Alexandra tomó conciencia de la causa de su propio perfeccionismo e interpretó la historia completa de su madre a través de un prisma más realista y sobre todo más adulto. Solo entonces aceptó que el dolor de su madre probablemente siempre sería un obstáculo para obtener la aprobación y el amor que deseaba. Ser consciente de esto le permitió soltar por fin la necesidad de obtener la aprobación de su madre y recibirla de sí misma.

Por supuesto, es más fácil decir que vas a rebajar tus expectativas e inseguridades que hacerlo de verdad. El perfeccionismo se convierte en un hábito profundamente arraigado y siempre lleva tiempo cambiar el comportamiento habitual. El primer paso es hacerse consciente del perfeccionismo y de los miedos que se tienen sobre no ser suficiente. Una vez que seas consciente de tu tendencia a presionarte de manera excesiva, puedes empezar a prestarle atención cuidadosa todos los días. Entonces, igual que Alexandra, podrás comenzar a darte cuenta de cuándo empiezas a exigirte demasiado. De manera consciente, puedes respirar profundamente y decirte: «Hoy no tengo por qué ser perfecto. Me voy a permitir ser humano y sé que soy aceptable siendo un ser humano imperfecto». Tú decides hasta qué punto quieres avanzar hacia tu objetivo, mientras te concedes la amabilidad que mereces.

A medida que vayas acumulando experiencia, empezarás a reconocer tu diálogo interno negativo en el momento, en lugar de hacerlo después. Cuanto más ocurra esto, más irás reduciendo gradualmente ese diálogo negativo hasta hacerlo desaparecer, y después sustituirás ese vacío por un diálogo interno positivo. Este proceso te permitirá tomar decisiones distintas.

Con el tiempo, transformar el diálogo interno negativo en positivo se convertirá en un hábito. Poco a poco, rebajarás las tendencias perfeccionistas del pasado hasta que tomes decisiones que se basen en lo que quieras o necesites de verdad en el momento. Relajarás tus expectativas y te verás tan aceptable y merecedor de cariño como eres, con tus virtudes y tus defectos.

Se convierte en una ecuación que seguir en la vida: suma amor propio y resta perfeccionismo. Tu amor propio aumentará a medida que disminuya tu necesidad de ser perfecto. Como bien descubrió Alexandra, cuando dejó de tener que estar a la altura de las expectativas excesivas que se había autoimpuesto durante la mayor parte de su vida, se encontró con un sinfín de opciones entre las que escoger.

La perfección como acto de supervivencia

Sé que es fácil decir: «¡Deja de intentar ser tan perfecto todo el tiempo!», pero no siempre es fácil de hacer. Digamos que estás en un puesto muy visible y competitivo. Si no te mantienes en lo más alto del mundillo, es probable que pierdas tu trabajo o tu relevancia en la profesión. Tal vez seas deportista y solo puedas mantener tu posición si te exiges superar tus límites cada día en el gimnasio, en los entrenamientos o en los partidos. O quizá seas el concertino de una orquesta y sepas que, si cometes un error, hay alguien esperando para ocupar tu lugar, por lo que ensayas una y otra vez.

También es una dura realidad que las mujeres y las personas racializadas suelen sentir que tienen que esforzarse el doble solo para que se las tenga en cuenta o incluso se las reconozca. Perciben que tienen que ser perfectas para conseguir un trabajo que podría haber sido concedido con facilidad a una persona no perfecta de otro género o raza. Por desgracia, durante muchas generaciones, la perfección fue —y puede seguir siendo— un acto de supervivencia para las mujeres, las personas racializadas y muchas otras que han sufrido discriminación. Han tenido que mantener unos estándares perfectos para crear oportunidades para sí mismas, sus familias, sus comunidades y otras de identidad similar.

A veces, luchar por la perfección las mantuvo con vida o las ayudó a escapar de una situación dañina. La dolorosa verdad es que no todo el mundo tiene el privilegio de renunciar al perfeccionismo como estándar. Asimismo, como otros aceptaron el precio en generaciones pasadas a través de movimientos, revoluciones, cambios políticos o de vivir con limitaciones impuestas, muchos de nosotros podemos plantearnos hoy la idea de vivir sin perfeccionismo. Estas generaciones pasadas hicieron mucho por empoderarnos y darnos más opciones de las que tuvieron ellas.

Entiendo que la necesidad de ser perfectos es, a veces, el resultado de nuestra experiencia vital actual y, aun así, forzarnos hasta el límite puede apoderarse de nosotros y afectar a todos los ámbitos de nuestra vida. ¿Qué harás con las opciones que tienes delante, aunque sean más limitadas que las de alguien con más recursos o de otro género o grupo racial?

Llegar muy lejos en la vida es extremadamente gratificante, pero conlleva un precio. He trabajado con personas que se esforzaron mucho para llegar a lo más alto de su campo, profesión o deporte, pero luego se arrepintieron de lo que habían perdido por el camino. Solo tú puedes determinar si ese coste merece la pena, pero es imprescindible que te tomes tu tiempo para reflexionar y valorar cuál es.

Con frecuencia, seguimos esforzándonos cada vez más porque pensamos que es lo que tenemos que hacer. Por desgracia, si este comportamiento se prolonga en el tiempo, puede llegar a niveles de *burnout* o desgaste que afecten a nuestra salud, tanto física como mental. Cuando la gente permanece en estado de desgaste demasiado tiempo, con frecuencia puede incluso sabotear su vida laboral, deportiva, familiar o a la organización en la que ha invertido tanto esfuerzo.

La pregunta más importante es: ¿te sientes realizado? Si tu satisfacción con tu trabajo, tu casa, tu comunidad, tu relación o posición económica compensa con creces el estrés y la presión de esforzarte tanto, eso es lo que cuenta. Si, por el contrario, eres infeliz en secreto, pero te sientes atrapado porque has invertido muchos años para llegar a la cima, tal vez sea el momento de replantearte qué es lo más importante para tu vida.

Son muchísimas las personas que invierten años y grandes cantidades de dinero en su educación, en entrenar para un deporte, en ensayar con el instrumento musical que tocan o en cualquier otra cosa para llegar a la perfección, para acabar descubriendo que odian lo que creían que iban a amar. Se sienten atrapadas. ¿Cómo podrían seguir otro camino después de todo lo que han invertido? Puede que crean que no tienen opciones, y puede ser verdad que sus opciones sean limitadas si la perfección ha sido su único camino durante tanto tiempo.

No obstante, y aunque lleve tiempo, esas personas tienen el derecho de darse permiso para intentar algo nuevo. No hallarán otra forma de vivir si se rinden y asumen que la perfección es la única opción, incluso cuando no les funciona. Eso es lo que hizo Alexandra durante mucho tiempo. No veía salida a su matrimonio, pero lo único que de verdad se interponía en su camino era su manera de pensar y sus creencias limitantes.

Mi madre creía que tenía que ser la madre perfecta y trabajar a destajo. Siempre quiso viajar, pero nunca se dio permiso porque no era capaz de verlo como una posibilidad. Tal vez no hubiera podido permitirse unas vacaciones de lujo, pero seguro que ella y mi padre podrían haber encontrado la forma de hacer un viajecito de vez en cuando.

Darte permiso te ayudará a dar el siguiente paso. Tanto los cambios grandes como los pequeños pueden ser dolorosos a corto plazo, pero, si te quedas en una situación que te hace infeliz todo el tiempo, eliges un dolor persistente a largo plazo. La vida es sencillamente demasiado corta como para vivir así. El dolor a corto plazo vale la pena si conlleva un beneficio a largo plazo.

La importancia del equilibrio

En todas estas circunstancias, el equilibrio es la clave. Al igual que la perfección, el equilibrio es un ideal que nunca alcanzaremos del todo. Aun así, al contrario que la perfección, aspirar al equilibrio es saludable, aunque no lleguemos a conseguirlo del todo. Cuanto más podamos incorporarlo en cada aspecto de nuestras vidas, mejor nos sentiremos.

Cuando no nos damos permiso para ser imperfectos, casi siempre nos privamos de darnos permiso para otras cosas también: para jugar y descansar, para amar y ser amados, para soltar y seguir adelante, para ser auténticos o cuidar bien de nosotros mismos. Una vida bien equilibrada incluye todos estos aspectos: trabajo, amor, familia, amigos, juego y ocio. Una actitud perfeccionista no permite la mayoría de estos aspectos importantes de la vida. Así pues, al final, ¡no será tan perfecta!

Por eso, sin equilibrio, sacrificamos nuestra salud física, mental y espiritual. Admiro muchísimo a la atleta olímpica y ganadora de cuatro medallas de oro Simone Billes por la decisión que tomó de abandonar las Olimpiadas de 2021. Se esperaba que ganara al menos tres medallas de oro más, pero la presión fue tan intensa que padeció un episodio llamado *twisties* (cuando un gimnasta pierde la orientación en el aire y no es capaz de distinguir lo que está arriba de lo que está abajo). Al desorientarse en el aire en un salto, se dio cuenta de lo peligrosa que se había vuelto su situación. En lugar de forzarse hasta el punto de poder perderlo todo, Simone escogió el equilibrio. Se dio permiso para hacer lo que era mejor para ella y su bienestar.

Aunque algunas personas la criticaron por su decisión, tuvo la valentía de poner su salud mental por delante de la búsqueda de la perfección. Es una auténtica campeona por todo lo que ha hecho por la gimnasia y por tantas personas en todo el mundo. Incluso si lo hubiera dejado todo en ese momento, seguiría siendo una fuera de serie, la mejor de la historia, pero, tras darse un tiempo para sí misma, volvió a competir y a las Olimpiadas para seguir ampliando su palmarés. En mi opinión, fue un ejemplo increíble de darse permiso: detuvo algo que era dañino, se cuidó y luego volvió a competir al nivel más alto del mundo.

Por otra parte, están las jóvenes que toman medidas extremas para estar delgadas y bellas al tratar de estar a la altura de las imágenes de modelos que ven en internet, en las revistas y ahora en las imágenes generadas con inteligencia artificial. Pero ni siquiera las modelos pueden alcanzar estas expectativas poco realistas, así que las imágenes deben retocarse, filtrarse, difuminarse y corregirse para eliminar cada supuesta imperfección. Las mujeres que ven estos anuncios intentan alcanzar un ideal que es imposible al cien por cien. Es alarmante lo crueles que podemos llegar a ser con nosotros mismos y con los demás cuando nos guiamos por estándares perfeccionistas.

Cuando nos centramos en intentar ser perfectos, es imposible acercarse al equilibrio. Identificamos de forma inevitable nuestra autoestima con nuestra faceta perfeccionista. Y, cuando no alcanzamos esos estándares o expectativas, podemos llegar a deprimirnos o incluso a contemplar la idea del suicidio porque creemos que nuestra vida se acaba si somos imperfectos.

Sin embargo, esta idea no puede estar más alejada de la realidad. Darnos permiso para ser imperfectos es el punto de partida de nuestra auténtica vida, y con «auténtica» me refiero a humana y equilibrada. Cuando perdemos algo, suponemos de manera automática que la alternativa será peor, pero podría ser lo mejor que nos pase en la vida. A veces no tenemos ni idea de las experiencias maravillosas que nos esperan cuando no conseguimos lo que creíamos querer.

Si mantenemos una perspectiva equilibrada y eliminamos las vendas que el perfeccionismo nos pone en los ojos, veremos que hay muchas maneras de ser feliz. Date permiso para ser humano, no perfecto; para ser feliz, no para estar atrapado, y para ser la mejor versión de ti mismo, en lugar de un ideal superhumano.

Prueba el siguiente ejercicio para determinar si una actitud perfeccionista se interpone en tu camino.

Las preguntas que tienes a continuación pueden ayudarte a descubrir lo que sientes en realidad; solo entonces serás capaz de darte permiso para no ser perfecto y abrirte a más posibilidades.

Puedes escribir las respuestas a estas preguntas en las líneas que tienes disponibles para ello en este recuadro gris o, si lo prefieres, en un cuaderno o en las páginas para notas que encontrarás al final del libro. Dedica tiempo a responder cada una de manera concienzuda y profundiza en ellas para descubrir pensamientos subyacentes.

RECUERDA: es muy importante que guardes todas las respuestas que has redactado para poder consultarlas más adelante. De esta forma podrás llegar a conclusiones nuevas sobre en qué aspectos de tu vida no te estás otorgando el permiso que podrías darte.

Como siempre, si las preguntas te provocan algún tipo de bloqueo o mucha ansiedad, te recomiendo que busques la ayuda de un coach o de un terapeuta profesional.

Veamos las preguntas:

- ¿En qué áreas de tu vida (si es que hay alguna) sientes presión? ¿Crees que tienes que ser el mejor para que te acepten? Probablemente, estos sean los aspectos en los que te autoimpones el perfeccionismo.

....
....
....
....
....
....
....
....

- Escoge el aspecto en el que sientas más presión. ¿Qué temes que pase si te concedes permiso para ser humano? Si está relacionado con el trabajo, el deporte, tu implicación en la comunidad o en la vida familiar, ¿temes perder esa faceta de tu vida?

....
....
....
....
....
....
....

- Si quieres abandonar una situación en la que te sientes presionado para ser perfecto y tienes los medios o una oportunidad para hacerlo, ¿qué te está impidiendo darte permiso? ¿Te preocupa que los demás te juzguen? Si lo hacen, ¿las consecuencias serían tan nefastas como imaginas o solo una incomodidad temporal? ¿Crees que las opiniones de quienes te puedan juzgar son más importantes que las tuyas? Si lo crees, es momento de corregir esa idea errónea. ¡Tu opinión es la más importante!

- ¿Vives siguiendo tus propias normas o según lo que crees que los demás esperan de ti? ¿Vives según lo que crees que «deberías» hacer? ¿De dónde proviene esta creencia? ¿Está relacionada con lo que quieres de verdad?

....
....
....
....
....
....

- ¿Les das permiso a los demás para no ser perfectos o esperas la misma perfección de ellos que la que esperas de ti? Algunas personas son indulgentes con los demás, pero no consigo mismas. Otras tienen expectativas excesivas para todo el mundo. Detente a pensar sobre las expectativas que tienes para ti mismo y para los demás. ¿Son razonables y sostenibles, o imponen una presión excesiva a quien tenga que cumplirlas?

....
....
....
....
....
....

- ¿Te imaginas relajando un poco tus estándares? ¿Cómo crees que te sentirías y qué miedos aflorarían? ¿Crees que defraudarás a un cliente o paciente, perderás un caso importante, perderás una oportunidad valiosa con tu familia, tu actividad en la iglesia o tu labor de defensa de un grupo en riesgo de exclusión social, por no ser tan perfecto como podrías llegar a ser?

  . . . .
  . . . .
  . . . .
  . . . .
  . . . .
  . . . .
  . . . .
  . . . .

- Si no sintieras la presión de ser perfecto, ¿a qué te darías permiso?

  . . . .
  . . . .
  . . . .
  . . . .
  . . . .

- ¿Sería el fin del mundo si no fueras perfecto? ¿Temes descubrir que no eres imprescindible si, por ejemplo, disfrutaras de dos semanas de vacaciones y descubrieras que la oficina ha funcionado en tu ausencia? Imagina qué podría pasar si tienes un tropiezo. ¿Sería tan catastrófico como crees?

....
....
....
....
....
....
....

- ¿Por dónde podrías empezar a suavizar tus exigencias y ofrecerte el amor propio que nace de aceptar tu humanidad?

....
....
....
....
....
....
....
....

- ¿Tu miedo a no ser perfecto te impide aprovechar oportunidades para crecer? Por ejemplo, si no puedes preparar una cena saludable todas las noches para tu familia como hace esa madre a la que sigues en redes sociales, ¿podrías dejar de sentirte insuficiente y buscar formas de aliviar la presión? ¿Podrías involucrar a tu familia en la preparación de la cena, organizar días de cocina conjunta o utilizar un servicio de comidas que te ayude? Este cambio permitiría que otros crezcan y te enseñaría a aceptar ayuda.

....
....
....
....
....
....
....
....
....
....
....
....

Capítulo 4

Me doy permiso para amar y ser amado

Ser amado profundamente por alguien te da fuerza,
mientras que amar a alguien profundamente te
da valentía.

Lao Tse

Cuando su relación empezó a transitar por una crisis, Adelle y su marido comenzaron a ir a terapia de pareja. Ya habían hablado de la posibilidad de un divorcio muchas veces antes, pero siempre habían decidido intentar aguantar por los niños. En esta ocasión querían darle una última oportunidad a su relación después de años de dificultades, bien fueran financieras, a causa de las tareas del hogar o por sus relaciones íntimas.

Después de muchas intensas sesiones en las que habían sido incapaces de ver la perspectiva del otro o de permitirse ser vulnerables el uno con el otro, decidieron divorciarse. Un tiempo después, Adelle se puso en contacto conmigo para recibir terapia individual. No estaba segura de si quería volver a casarse, pero sí sabía que quería compañía. La idea de salir con alguien la emocionaba y la aterraba a la vez.

«Hace mucho tiempo que no salgo, ni ligo, ni me enrollo con nadie que no sea mi ex», me contó. «En total han sido treinta años: tres saliendo, veinticinco casados y dos divorciados. No tengo ni idea de lo que estoy haciendo».

Hablamos sobre cómo era salir con alguien ahora en comparación con hace treinta años. Había conocido a su ex en el último curso de la universidad. Era muy fácil encontrar tiempo para estar juntos entonces. Pero ¿ahora? Ahora tenía el trabajo, la custodia compartida de los hijos, ya adultos, y otras obligaciones. Le costaba horrores encontrar tiempo para sí misma y más difícil aún para salir con alguien. Encima, no sabía nada sobre las aplicaciones de citas.

«Sinceramente, esas aplicaciones me superan y siento que soy demasiado mayor para ligar por una pantalla», admitió. Algunos compañeros de trabajo y sus hijos le habían hablado de las aplicaciones, pero Adelle era escéptica. A medida que profundizamos en sus reticencias, sin embargo, descubrimos que sus preocupaciones iban mucho más allá de las aplicaciones para conocer gente.

Al final, se dio cuenta de que tenía dificultades para quererse a sí misma. Sentía que no merecía amor y que, a su edad, ya no era atractiva. A menudo hacía cosas para los demás, pero, como le faltaba amor propio, le costaba pedir lo que quería y necesitaba.

«Después del divorcio, ni siquiera estoy segura de si me queda algo de amor en la recámara», me dijo.

Durante su matrimonio, pensó muchas veces: «Si me divorcio, no sé si volveré a casarme alguna vez. Es agotador». De niña, Adelle recibió mensajes contradictorios sobre las relaciones. Muchas mujeres de su familia estaban solas tras vivir experiencias difíciles y varios varones de su familia iban ya por su segundo o tercer matrimonio. Adelle tenía dificultades para permitirse amar otra vez después del dolor de su historia familiar y la decepción de su propio matrimonio. Al mismo tiempo, le costaba darse permiso para ser amada y creer que era digna de amor.

Adelle no es la única con estos problemas, ni mucho menos. Se trata de un problema muy común. Por eso, en este capítulo hablaremos sobre darte permiso para amar y ser amado y cómo ese permiso puede transformar tu vida.

El amor, un acto de vulnerabilidad

El amor puede ser gratificante y temible a la vez. Cuando amas a alguien, sea un compañero sentimental, un amigo o un familiar, y te hace daño o termina la relación, puede ser difícil volver a amar. En ocasiones, el dolor de que nos rompan el corazón provoca que evitemos volver a intimar con nadie.

Algunos siempre ponemos nuestras esperanzas en el amor. Seguimos intentando reconstruir amistades, relaciones o contacto con familiares. Uno de los problemas de poner nuestras esperanzas en el amor es que no nos veamos merecedores de recibir amor a cambio. Puede que no nos cueste cuidar de los demás y sacrificarnos por ellos, pero, como le ocurría a Adelle, quizá nos cueste más pedir lo que necesitamos. Esto suele pasar por la narrativa sobre el amor que vimos y vivimos en el pasado. Adelle estaba lista para volver a salir con alguien, pero lo que le costaba de verdad era confiar en ser digna de amor.

En circunstancias ideales, el amor es bidireccional, va y viene entre la otra persona y tú. Casi siempre creemos que deberíamos dar amor, pero el amor verdadero también implica recibirlo, y recibir amor tiene dos dimensiones. La primera consiste en que la otra persona tiene que participar en el intercambio de amor y ofrecernos ese amor. El intercambio completo incluye dar y recibir amor a la vez que somos lo bastante vulnerables para pedir lo que queremos y necesitamos de la otra persona.

La segunda dimensión de recibir amor consiste en estar dispuesto a aceptar lo que nos ofrece la otra persona. En ocasiones no estamos receptivos al amor porque sentimos que no nos lo merecemos o creemos que solo deberíamos darlo. Cuando esto ocurre, es importante darnos permiso para ser amados.

Adelle creía que no podía competir con otras mujeres solteras por cómo se veía a sí misma. En el fondo, sentía que tenía defectos y que por eso no había funcionado su matrimonio. La mayor parte de su vida pensó que no era lo bastante buena y que, si daba más o amaba más, podría ganarse el amor de los demás. Pero todo acabó derrumbándose.

Si no nos damos permiso para ser amados, es imposible que nadie nos dé el amor que necesitamos. Mantener una narrativa y una imagen negativa de nosotros mismos bloquea nuestra capacidad de recibir amor. Darnos permiso para ser amados implica creer que nos pueden amar a pesar de nuestros defectos o nuestros errores. Tenemos que aprender a creer que alguien querrá cuidarnos, pensar en nosotros, tenernos en cuenta y hacer sacrificios por nosotros, porque nos merecemos ese amor.

Los que dan y los que reciben

Las relaciones (románticas, de amistad o con la familia) nos pueden enseñar mucho sobre nosotros mismos y sobre la vida. Cuando estaba en la universidad, era como si estuviera aprendiendo la misma lección desde múltiples direcciones. Tanto con las amistades como en el caso de mi vida amorosa, me di cuenta de que algunas personas dan y otras reciben.

A los que dan se les hace fácil dar amor y centrarse en los demás, pero puede que no sean vulnerables a sus propias emociones y les cuesta recibir amor. Los que reciben suelen tener facilidad para recibir amor y centrarse en sus propios deseos y necesidades, pero, aunque puedan ser vulnerables a sus propias emociones, tienen dificultades para dar amor.

Como todo en la vida, ambos extremos, tanto los que dan como los que reciben, pueden crear una experiencia negativa. Alguien que da en exceso acostumbra a anteponer a los demás, quizá hasta el punto de llegar a ser mártir. Es posible que le guste controlar el aspecto emocional de las interacciones para no exponer sus vulnerabilidades, pero eso hace que resulte difícil que los demás conecten con esta persona a nivel emocional. Esta dificultad impide que la relación goce de confianza y seguridad emocional.

Alguien que recibe en exceso está acostumbrado a anteponerse a los demás, quizá hasta el punto de dañar activamente sus relaciones. Podría ser manipulador para conseguir lo que quiere a costa de otra persona, lo que puede dificultar que entienda lo que siente la otra persona. Esta dinámica también impide que la relación goce de confianza y seguridad emocional.

En la universidad aún lo veía todo de color de rosa y creía que la mayoría de las personas eran de las que dan. Sabía que había malas personas en el mundo y sufrí lo mío también. Pero seguía manteniendo una visión optimista de la mayoría de las personas.

Tras varias interacciones decepcionantes y desoladoras, empecé a observar un patrón. Mi familia solía citar un versículo bíblico que, en esencia, dice que «a quien mucho se le da, mucho se le exige». La traducción que hacía yo era que debería entregarme por completo a los demás sin esperar nada a cambio. Lo que no comprendía del todo en aquel momento es que algunas personas estaban aprendiendo un mensaje diferente: que tenían que pedir lo que querían y necesitaban sin dar nada a cambio.

Estas lecciones sobre los que dan y los que reciben me permitieron darme permiso para construir unas conexiones significativas con personas que estaban dispuestas a darme amor y, a la vez, a recibir mi amor.

Darte permiso para amar y ser amado también significa escoger pareja. Si eres, principalmente, de los que dan, ¿te estás dando permiso también para recibir amor? Si eres, sobre todo, de los que reciben, ¿te estás dando permiso para dar amor a los demás? Si eres de los que dan y la mayoría de las personas de tu vida son de las que reciben, reforzarás el patrón hasta que pidas lo que quieres y trabajes hasta creer que mereces amor. Este desequilibrio ocurre porque estamos tan ocupados dando amor que no sabemos mostrar nuestra vulnerabilidad hablando de nuestras necesidades. Por lo tanto, mantenemos el flujo de amor en una dirección y reforzamos que nuestro papel consiste en amar a la otra persona en lugar de ser amados simultáneamente.

Por otra parte, si eres de los que reciben y la mayoría de la gente de tu vida son de los que dan, se podría reforzar ese patrón a menos que preguntes a los demás qué quieren y necesitan. Un pensamiento que puede ser útil es reconocer que los demás merecen amor. A veces, parece que los que reciben no piensan en las necesidades de los demás. Esta falta de interés por el prójimo puede estar motivada porque estamos ocupados pidiendo lo que queremos e intentando encontrar maneras de recibirlo sin prestar atención a lo que necesita la otra persona. De nuevo, mantenemos el flujo de amor en una dirección y reforzamos que nuestro papel es ser amados por otros en vez de darles amor a la vez.

Todos tenemos la capacidad de ser tanto de los que dan como de los que reciben. Para la mayoría de nosotros, hay situaciones en que la gente nos ve como alguien que da y otras en que nos ven como de los que reciben. Y luego hay relaciones en las que el dar y el recibir son recíprocos y están equilibrados.

He aprendido a rodearme de personas que son capaces de dar y recibir en las relaciones, al menos de una manera que se equilibra con el tiempo. También he aprendido a limitar el número de personas que reciben en mi vida, porque la cantidad que puedo dar es limitada. He buscado mentores y asesores que pueden ser fuente de información y sabiduría y, en esas situaciones, yo soy el que recibe. Aun así, me han dicho que yo también les doy, porque estoy dispuesto a aplicar sus consejos y ellos reciben de mí cuando presencian mi éxito. Por supuesto, en situaciones en las que yo soy el consejero o mentor, ocurre lo contrario.

Para mí, el equilibrio sería así:

- Personas a las que, sobre todo, les doy: 20 %
- Relaciones mutuamente beneficiosas: 60 %
- Personas de las que, sobre todo, recibo: 20 %

Calcula lo mejor que puedas los porcentajes de personas de tu vida que pertenezcan a cada categoría. ¿Tienes muchas relaciones en las que dar y recibir resulta en beneficio mutuo? Si no es así, te recomiendo que trates de aumentar ese porcentaje.

Permiso para la intimidad

Darte permiso para amar y ser amado incluye darte permiso para experimentar todos los niveles de intimidad, sea sexual o no. En función de tus experiencias vitales (y algunos dirían que dependiendo también de tu género), cuando oyes la palabra «intimidad», solo una de sus definiciones te viene a la mente.

Una pareja con la que trabajé me dijo que hacía diez años que no mantenían relaciones sexuales. Aunque eso representaba una pérdida significativa para ellos, querían trabajar en su conexión mutua. Habían pasado muchos años trabajando y cuidando a sus hijos (que ya eran adultos cuando traté a esta pareja). Estaban jubilados y padecían algunas enfermedades que también habían afectado a su capacidad de mantener relaciones sexuales. Con la pérdida de la intimidad sexual, no querían perder su vínculo no sexual.

Durante las sesiones, trabajaron en mostrarse más vulnerables el uno con el otro y en hablar de lo que querían y necesitaban de la relación. Empezaron a salir por las noches, lo que implicaba decirles a sus hijos adultos que una vez a la semana no estaban disponibles. (Aunque sus hijos eran adultos, iban a menudo a verlos y siempre necesitaban algo). Esta pareja pasó de pensar en el divorcio a rejuvenecer su vínculo y amor mutuo. Se cogían de la mano, se abrazaban en el sofá y se turnaban para planear la noche que tenían cita. Su relación sexual no cambió, pero ahora se daban permiso para amar y ser amados al cultivar su intimidad no sexual.

El permiso para amar y ser amado implica ser lo bastante vulnerable ante tu pareja como para recibir el amor que quieres y necesitas. Esto incluye cómo quieres pasar el tiempo, cómo quieres que te toque, qué te excita, qué te da placer, qué te hace sentirte seguro, qué te divierte y mucho más.

Es importante que también te des permiso para dar y recibir placer. Esto significa nombrar y describir cómo es para ti. Tu pareja no puede saberlo a menos que lo verbalices. Darte permiso para amar y ser amado implica hablar sobre la conexión, la intimidad, el placer y la vulnerabilidad.

Hay varias cosas que puedes hacer para darte permiso para amar y ser amado:

- Piensa **qué es más fácil para ti**, si dar amor a los demás o recibirlo.

  ✓ Si eres de los que reciben, crea espacio para otras personas y date permiso para amar a otros.
  ✓ Si eres de los que dan, trabaja en ser más vulnerable y pide el amor que necesitas de los demás.

- Piensa en **cómo crees que se conectan el amor y la intimidad**.
- **Practica mostrarte vulnerable** con tu pareja y explora la intimidad sexual y no sexual.
- **Practica darte permiso** para dar y recibir placer a la vez que te das permiso para amar y ser amado.

Tanto dar como recibir amor requieren trabajo interior, reflexión y permiso. Si no has emprendido todavía el viaje para amar y ser amado, arriésgate y prueba una aplicación de citas, o pregunta a tu pareja cómo puedes amarla. Cuéntale a un amigo algo que necesites de la amistad o dile a un miembro de tu familia que quieres pasar más tiempo de calidad con él. Finalmente, prueba a escribir o decir esto todos los días: «El amor es para todos, también para mí. Puedo dar y recibir amor. No tengo que escoger».

Amar a otros y ser amado por otros forja nuestras experiencias diarias. Quizá no te has dado cuenta de lo nervioso que te pone tener citas otra vez o ahora te percatas de que en tu vida existen más personas que dan que personas que reciben. Quizá el tipo de intimidad que quieres no coincide con el que recibes. Para conocerte mejor, saca el cuaderno y **responde a las siguientes preguntas:**

- El amor empieza por el amor propio. ¿Qué haces para practicar el amor propio de manera positiva? ¿Qué haces para sentirte bien?

- Reflexiona sobre qué piensas de dar y recibir amor. ¿Qué mensajes has recibido sobre el amor? ¿Has recibido el mismo mensaje de los amigos, los miembros de la familia y las parejas sentimentales?

. . . .
. . . .
. . . .
. . . .
. . . .
. . . .
. . . .

- ¿Cómo han moldeado esos mensajes y tus experiencias de vida el relato que tienes sobre ti y sobre el amor? ¿De qué manera una imagen negativa de ti te ha impedido darte permiso para recibir amor?

. . . .
. . . .
. . . .
. . . .
. . . .
. . . .
. . . .

- ¿Te es fácil dar amor y sacrificarte por los demás, pero no consigues pedir que satisfagan tus propios deseos y necesidades? (Si es así, es posible que seas una persona de las que dan).

....
....
....
....
....
....

- ¿Te es fácil recibir amor de los demás, pedir lo que quieres y necesitas, pero no consigues dar amor a los demás de la misma manera? (Si es así, es posible que seas una persona de las que reciben).

....
....
....
....
....
....

- Haz una lista con tus relaciones más cercanas: familia, amigos, socios, compañeros de trabajo y pareja. Ponlos en las siguientes categorías:

  √ Gente a la que, sobre todo, le doy.

  . . . .
  . . . .

  √ Relaciones mutuamente beneficiosas.

  . . . .
  . . . .

  √ Gente de la que, sobre todo, recibo.

  . . . .
  . . . .

- ¿Te salen unas proporciones aproximadas de 20 %, 60 % y 20 %? ¿O está desequilibrada la proporción entre dar y recibir amor?

  . . . .
  . . . .
  . . . .
  . . . .
  . . . .
  . . . .
  . . . .
  . . . .

- Cuando oyes la palabra «intimidad», ¿piensas en un solo tipo? Si es así, ¿en qué aspectos de la intimidad piensas?

....
....
....
....
....
....
....
....
....
....
....
....
....
....
....
....
....
....
....
....

Capítulo 5

Me doy permiso para soltar y avanzar

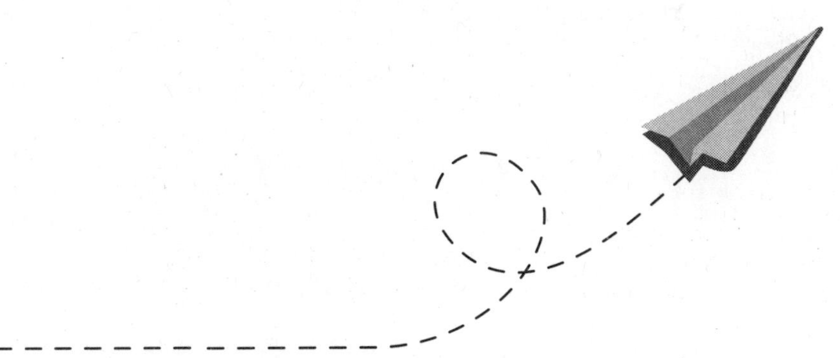

A veces, soltar es un acto mucho más poderoso
que defenderse o aferrarse a algo.

ECKHART TOLLE

Empecé a trabajar con Ty al comienzo de mi carrera y estaba entusiasmado por ayudarlo a resolver su problema. El tiempo que pasamos juntos me enseñó mucho sobre ser terapeuta y coach ejecutivo.

Ty llevaba años manteniendo una aventura extramatrimonial y se sentía mal por hacerle daño a su mujer, aunque tampoco quería herir a su otra pareja. Valoraba su matrimonio y los años que habían pasado juntos, así que, al principio, pensé que quería encontrar una manera de terminar la aventura y reconectar con su mujer.

Sin embargo, después de unas cuantas sesiones, Ty mencionó que le costaba poner fin a la aventura. Y empezó a contarme los problemas matrimoniales que le hacían infeliz. Quería a su mujer y valoraba su amistad, pero su vida sexual era inexistente. Tampoco pasaban mucho tiempo de calidad juntos. Empecé a pensar que, a lo mejor, él quería poner fin al matrimonio y continuar con la aventura. A medida que avanzábamos, me enteré de que su mujer sabía de la aventura y que la otra pareja era consciente de que él estaba casado. A pesar de esto, la relación extramatrimonial había durado más de una década. En cierto modo, todos habían aceptado permanecer en esta relación poliamorosa.

Pensé en confirmar este hecho y preguntarle a Ty si quería mantener esta relación con ambas mujeres. Sorprendentemente, me dijo que no, aunque esa era su realidad. Dijo que deseaba poder escapar de todo. Así que le planteé otra opción. «¿Quieres terminar la relación que tienes con ambas mujeres y quedarte solo?», le pregunté. A Ty le seducía la idea, pero dijo que no lo haría porque no quería hacer daño a ninguna de las dos.

Estaba bloqueado y, a decir verdad, yo también. Le costaba ver cualquier opción como una forma viable de avanzar sin sentir malestar. Pensaba que había un camino correcto para él, pero al final me di cuenta de que no podía tomar ninguna decisión porque él no se permitía a sí mismo soltar ninguna de las dos relaciones.

En mi caso, me costó darme permiso para ver múltiples caminos para Ty. Tomar decisiones —sobre todo las más importantes— puede ser difícil. Permanecer en nuestro lugar, relación o mentalidad actuales puede parecer más cómodo que darnos permiso para soltarlo y pasar a la siguiente etapa. Lo conocido nos mantiene atrapados, aunque no nos funcione o ya no nos sirva, porque lo desconocido nos genera más ansiedad. Claro que, en algunos casos, lo desconocido es la mejor opción. Darnos permiso para soltar y avanzar puede ser mejor para nosotros a largo plazo.

Por lo tanto, en este capítulo hablaremos de un par de situaciones comunes en la vida en las que puede sernos difícil soltar y seguir adelante.

La otra trampa de los padres

A muchos padres y madres les cuesta ir dando a sus hijos la independencia gradual que, con el tiempo, les permita marcharse de casa para ir a la universidad, al ejército o a trabajar. Puede ser duro dejar ir a los hijos incluso cuando son adultos. El vínculo que tenemos con ellos nos hace querer tenerlos cerca. Dejarles explorar el mundo y convertirse en quienes son de verdad da miedo porque no podemos estar seguros de protegerlos del peligro ni de decisiones complicadas.

Cuando nos damos permiso para dejar que nuestros hijos avancen, tenemos que dejarles tomar sus propias decisiones, lo que puede significar cometer errores. Como nos preocupamos mucho por ellos, no queremos verlos sufrir ni poner en peligro su futuro. Al mismo tiempo, si no los soltamos, impedimos que descubran cómo desenvolverse en la vida por sí mismos.

Soltar y seguir adelante no significa dejar de relacionarnos con ellos a medida que crecen, ni dejar de darles nuestra opinión si nos la piden y apoyarlos en el camino. Solo significa que les damos espacio para que tomen sus propias decisiones y se recuperen de sus errores si los cometen. También significa darnos permiso para ser pacientes y no ir corriendo a rescatarlos mientras ellos resuelven la situación.

Esto puede hacernos sentir atrapados porque, aunque queremos ayudarlos, también tenemos que confiar en que les hemos dado las herramientas y habilidades necesarias para su vida y futuro. Si te cuesta soltar a tus hijos adultos y darles espacio, plantéate hablar con un terapeuta para que te ayude en esta etapa de la vida.

Por supuesto, los hijos adultos también tienen que soltar y avanzar. Es una calle de doble sentido. Muchos jóvenes tienen dificultades para tomar decisiones vitales y lanzarse a la edad adulta. El objetivo es que tengan una relación de adulto a adulto con sus padres. Aunque quizá nunca puedan dar a sus padres tanto como reciben, una relación entre adultos crea una dinámica de dar y recibir. Para eso, los jóvenes tienen que asumir más responsabilidades sobre su vida y sentirse cómodos con una mayor autonomía.

Darse permiso para soltar no significa que tengan que ignorar lo que dicen sus padres y seres queridos, o negarse a recibir ayuda cuando la necesitan. Significa estar dispuestos a que sigan su camino, tomen decisiones, sepan cuándo pedir ayuda y aprendan cómo recuperarse de los errores, por aterrador que sea.

Si tienes hijos jóvenes a quienes les cuesta soltar y lanzarse a la vida adulta, podrías sugerirles que acudan a un terapeuta para que los ayude a avanzar.

Los hábitos que mantenemos

Darte permiso para soltar y avanzar también se puede aplicar a las costumbres o hábitos que quieres dejar. Todos tenemos hábitos, algunos producen resultados que nos gustan y otros que nos gustan nada. Un hábito puede ser la rutina que seguimos por la mañana antes de empezar el día, una afirmación que nos repetimos antes de un examen o un partido importante, un entrenamiento en el gimnasio antes de cenar, un capricho dulce cuando nos sentimos abrumados o mordernos las uñas cuando estamos nerviosos.

Se han escrito muchos libros sobre cómo comprender y dejar ciertos hábitos. *El poder de los hábitos* (Duhigg, 2012) explica muy bien cómo identificar los detonantes o el condicionamiento clásico que refuerzan nuestros hábitos. Por ejemplo, morderse las uñas es un hábito, pero el detonante es un examen inminente. Con el tiempo, ir a clase o pensar en ella se convierte en el detonante mismo, y empiezas a morderte las uñas de forma automática.

Hábitos atómicos (Clear, 2018) es otro libro excelente que puede ayudar a las personas a cambiar o crear nuevas costumbres mediante la técnica de «apilar hábitos» y de empezar con cambios muy pequeños. Después de leer *Hábitos atómicos*, mi mujer empezó a ponerse su ropa de entrenamiento antes de comenzar la rutina matutina. Esta técnica de apilamiento de hábitos le facilitaba entrenar antes de comenzar el día.

Para soltar algo, por ejemplo, empezar poco a poco puede significar que al principio te abstengas de morderte las uñas mientras estás en casa estudiando, hasta que seas capaz de dejarlo del todo. El autor y conferenciante motivacional James Clear (2018) sostiene que nuestra fuerza de voluntad se agota cuando intentamos dejar un hábito de golpe. En mi experiencia, solo un pequeño porcentaje de personas consigue dejar una adicción —o incluso un hábito— de raíz.

Para avanzar, empezar poco a poco puede ser crear un nuevo hábito positivo que sustituya al antiguo hábito negativo. Por ejemplo, si quieres empezar a meditar, podrías comenzar meditando entre dos y cinco minutos al día e ir aumentando gradualmente hasta llegar a veinte minutos y luego a una hora.

Sin embargo, lo que estos libros y muchos otros pasan por alto sobre los hábitos son el relato interno que nos hace más vulnerables a ellos. Para cambiar de verdad un hábito, debes explorar los pensamientos que tienes sobre ti, tus habilidades, familia y las demás personas en tu situación. Un diálogo interno negativo puede alimentar comportamientos habituales, por lo que es importante descubrir estos pensamientos a través de la reflexión, la escritura de un diario o la terapia. Después de eso, podrás trabajar en cambiar tus creencias y pensamientos, empezando poco a poco y utilizando técnicas como el apilamiento de hábitos. Hablaremos más sobre cómo cambiar los relatos internos negativos a medida que vayas leyendo este libro.

El papel de la ansiedad en el apego

Cuando empecé mi carrera en salud mental hace más de veinte años, la palabra «ansiedad» no se usaba tanto en las conversaciones no clínicas. Ahora la gente la usa a menudo y es más consciente de cuándo la siente. Sin embargo, al igual que ocurre con la depresión, la ansiedad sigue siendo con demasiada frecuencia un diagnóstico de salud mental que las personas creen que padecen los demás, pero no uno mismo.

De acuerdo con la Encuesta Nacional de Comorbilidad (2001-2003), el 31 % de la población adulta de Estados Unidos ha experimentado un trastorno de ansiedad en algún momento de su vida. Dicho esto, todas las personas sentimos ansiedad en algún momento: antes de un examen final, de un partido que puede llevar a nuestro equipo a los *playoffs*, de un concierto ante un público numeroso, de un discurso, de una cita, de una reunión importante de trabajo… Ese tipo de ansiedad es normal y, tanto si se trata de una ansiedad temporal normal como de un diagnóstico clínico de ansiedad, esas emociones pueden impedirnos soltar y avanzar.

Los sentimientos de ansiedad intentan influirnos para que nos aferremos a lo conocido, aunque lo más saludable sería soltarlo y avanzar. Pueden hacernos creer que no será posible obtener un buen resultado si lo dejamos ir, por lo que ni siquiera deberíamos intentarlo. Exageramos o imaginamos el peor resultado posible, mientras la ansiedad se dispara y damos por hecho que nuestra vida será peor de lo que ya es.

Por supuesto, no podemos estar absolutamente seguros de que soltar sea mejor que las circunstancias actuales, pero, si somos infelices, nos condenamos a seguir siéndolo a no ser que estemos dispuestos a arriesgarnos a cambiar.

Esta es precisamente la razón por la que debemos darnos permiso, porque hacerlo es una declaración de intenciones, un mantra. Es una forma de ser que nos enfrenta a la ansiedad que sentimos y nos ayuda a ver la esperanza y las posibilidades. Al final, igual que Ty, todos tenemos que dar ese salto para pasar a la siguiente etapa.

Las respuestas a estas preguntas te ayudarán a **ver qué te impide soltar y avanzar**. Las puedes responder a continuación, en tu cuaderno o en el apartado para notas.

- Evalúa los vínculos que tienes en tu vida (románticos, de amistad, familiares, comunitarios y laborales). ¿Alguna de esas relaciones está estancada o te hace daño? ¿Ha llegado el momento de pasar página?

. . . .
. . . .
. . . .
. . . .
. . . .

- ¿Estás atrapado en un dilema como Ty y te ves incapaz de elegir entre dos opciones? ¿Qué necesitarías para darte permiso y tomar una decisión, para soltar y avanzar?

. . . .
. . . .
. . . .
. . . .

- ¿Hay algo que te impida dejar atrás una relación tóxica? ¿Qué lo dificulta?

....
....
....
....
....

- Si pasaras página, ¿qué podrías hacer con tu tiempo y energía que ahora no puedes?

....
....
....
....
....

- Como padre o madre, ¿te cuesta soltar a tus hijos? ¿Les has dicho a tus hijos que quieres ayudarlos a ser más independientes?

....
....
....
....
....
....

- Como joven adulto, ¿te cuesta dejar atrás el pasado y empezar tu vida con menos dependencia de tus padres? ¿Hay alguien que pueda ayudarte durante este proceso? ¿Les has dicho a tus padres que quieres hacer cosas sin tanta ayuda por su parte?

  ....
  ....
  ....
  ....
  ....
  ....
  ....
  ....

- Cuando piensas en soltar y seguir adelante, ¿qué es lo que más ansiedad te provoca? ¿Qué podría ir bien si dieras ese paso?

  ....
  ....
  ....
  ....
  ....
  ....
  ....
  ....

- ¿A quién podrías pedirle ayuda para poder avanzar?

....
....
....
....
....

- ¿Qué creencias y pensamientos negativos influyen en tus decisiones y hábitos? ¿Hay algún ámbito en el que debas hacer ajustes?

....
....
....
....
....
....

- ¿Qué hábito negativo te gustaría dejar y superar? ¿Cómo podrías empezar poco a poco o combinarlo con otro hábito (la técnica del apilamiento de hábitos)?

....
....
....
....
....

- ¿Tu ansiedad te impide soltar? Intenta reflexionar sobre tu ansiedad y tus pensamientos negativos, escribe sobre ellos en un diario, medita o busca la ayuda de un terapeuta para aliviar esa carga.

. . . .
. . . .
. . . .
. . . .
. . . .
. . . .
. . . .
. . . .
. . . .
. . . .
. . . .
. . . .
. . . .
. . . .
. . . .
. . . .

- ¿Tu ansiedad te impide soltar? Intenta re-

Capítulo 6

Me doy permiso para cambiar los patrones familiares

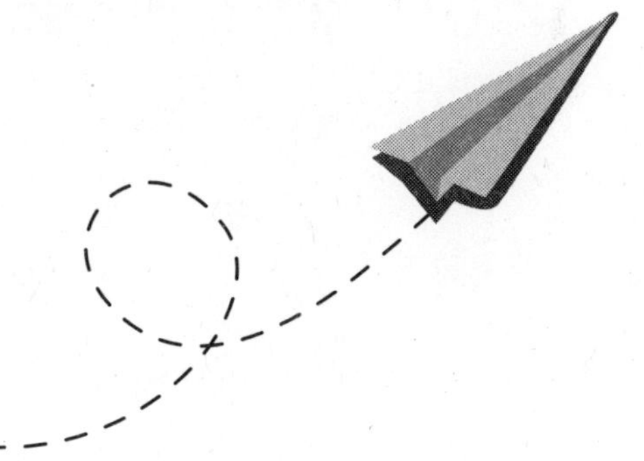

Siéntete orgulloso por decidir no repetir el ciclo.

Yasmine Cheyenne

Conocí a Nia cuando aún estaba en primero de carrera. Era la primera de su familia que iba a la universidad. Sus padres habían emigrado desde Nigeria para conseguir la nacionalidad estadounidense, y tanto ella como sus hermanos habían nacido en Estados Unidos. Nia era la hermana mayor y, a menudo, tenía que cuidar de su hermano y de su hermana, que eran cinco y siete años más pequeños, respectivamente. Eso incluía dar ejemplo, cocinar y cuidarlos mientras sus padres trabajaban.

La madre de Nia trabajaba en el servicio de extracción sanguínea de un hospital y su padre trabajaba como mecánico del sistema de transporte de la ciudad. Su madre viajaba a Nigeria una o dos veces al año para ver a la familia y, como también era la mayor de sus hermanos, muchos parientes acudían a ella en busca de apoyo emocional y económico.

Su madre enviaba casi la mitad de su sueldo a la familia, lo que a veces suponía una carga económica considerable. A esta práctica de enviar dinero al país de origen se la llama *remesa* (Gibson, 2025). Durante su infancia, Nia admiraba ese fuerte vínculo familiar y el deseo de cuidar de los suyos. Solía decir: «Es lo que se hace y lo que se espera que hagas».

Indirectamente, aprendió ese valor observando los sacrificios de su madre. De forma directa, su madre le decía a ella y a sus hermanos que algún día se esperaba que ellos también contribuyeran al esfuerzo de construir una casa en Nigeria.

Los padres de Nia tenían grandes expectativas para ella y lo que podría conseguir en un futuro. Creían que emigrar a Estados Unidos daría a sus hijos la oportunidad de ser lo que quisieran, pero había unas ideas muy concretas sobre qué profesiones incluía ese futuro. Querían que Nia fuera médica, su hermano abogado y su hermana ingeniera.

Cuando Nia estaba en el instituto, la empezaron a encaminar hacia la medicina. La apuntaron a extraescolares y le insistían en que se centrara en matemáticas y ciencias. Creían que ser médico le supondría, no solo un gran respeto en Estados Unidos, sino también a nivel internacional, además de ganar un buen salario para poder ayudar a la familia tanto económica como médicamente. Una vez que Nia entró en la universidad, sus padres querían que se especializara en una de las ciencias y siguiera el itinerario premédico.

Al principio, a Nia le parecía que ser médica estaría bien, pero con el tiempo fue cambiando de opinión. Aunque sus notas eran buenas, era ambiciosa y tenía una gran ética de trabajo, no le gustaba nada ver sangre. Simplemente, no sentía pasión alguna por la medicina. En cambio, empezó a sentirse atraída por otras disciplinas, como los negocios y la literatura inglesa.

Lo cierto es que en muchos países, culturas y familias es común que los padres orienten —o incluso dicten— la carrera que deben seguir sus hijos, con quién deben casarse o qué decisiones deben tomar. Lo que hacían los padres de Nia no era extraño; además, lo hacían con buenas intenciones, para que ella tuviera los recursos necesarios para una vida próspera.

Muchas familias, culturas y países funcionan desde una perspectiva colectivista, en la que se espera que las personas contribuyan al bienestar del grupo familiar o comunitario. En este modelo, eso podría suponer sacrificar tus metas personales por las de la mayoría. Esta perspectiva se refleja muy bien en la palabra sudafricana y zulú *ubuntu*, que significa «yo soy porque somos».

En contraste con las culturas colectivistas, la cultura estadounidense fomenta una perspectiva más individualista, donde se espera que las personas se esfuercen por autorrealizarse, encuentren su propio propósito y tracen su propio camino. Pueden aprovechar su éxito para ayudar y apoyar a otros, sí, pero la prioridad es que encuentren su propio rumbo: carrera, pareja y lugar donde vivir y trabajar.

Sin embargo, independientemente de las diferencias entre estas perspectivas, muchas familias esperan que sus hijos sigan el patrón familiar. Dicho patrón puede incluir que las tres generaciones previas hayan sido cirujanos o deportistas profesionales, que todos hayan vivido siempre en el Medio Oeste o que todos conduzcan cierto tipo de coche. Estas expectativas se transmiten de manera explícita a los miembros de la familia, tal y como se le transmitió a Nia la expectativa de ser médica.

No obstante, Nia tenía una doble perspectiva. Era nigeriana por su origen familiar y experiencias culturales, y estadounidense por su lugar de nacimiento, educación y manera de vivir. Con los años, se vio pensando en la literatura y preguntándose por qué ciertos negocios tenían éxito. Sus amigos iban a clases que le parecían interesantes, pero a las que creía que no podía matricularse. No es que pensase que sus padres la fuesen a castigar o hacerle algo malo, pero sentía miedo de decepcionarlos y fallarle a la familia.

Es normal querer ser leal hacia los que nos han cuidado y querido toda nuestra vida. Normalmente, queremos seguir su ejemplo y cumplir sus deseos. En general, amar también implica dar, incluso hasta el punto de que ese «dar» se nos antoje un sacrificio para satisfacer las necesidades de quienes queremos. Ese gesto de amor, sacrificio y entrega es una parte importante del vínculo familiar que nos une y nos permite prosperar juntos.

Al mismo tiempo, debemos tener cuidado para no sobrepasar cierto nivel de sacrificio y llegar a abandonar nuestros propios pensamientos, valores y necesidades. Encontrar este equilibrio puede ser complicado, y por eso a veces necesitamos ayuda.

Nia acudió a mí en busca de apoyo porque quería encontrar ese equilibrio. Sabía lo importante que era ayudar a otros miembros de la familia y cómo su propia madre había sacrificado su sueño de ser arquitecta para conseguir un trabajo estable que sustentase a la familia. Si Nia elegía su propio camino, ¿significaría eso que estaba haciendo algo malo? ¿Cómo podía decirles a sus padres que no quería hacer lo que ellos querían que hiciese? ¿Cómo podía «traicionarlos» y desobedecer sus deseos? ¿Cómo podía hacer algo distinto de lo que marcaba el patrón familiar?

Estas eran las preguntas y preocupaciones que se arremolinaban en su mente.

Patrones familiares

Todos tenemos patrones familiares muy arraigados como si fuesen huellas dactilares o el mismo ADN. Moldean nuestros valores, nuestra ética laboral, nuestras ideas sobre la educación, el dinero y el amor, y nuestras creencias espirituales —o la ausencia de ellas— y muchas otras cosas. Dan forma a nuestro mundo y, al igual que las huellas dactilares, cada familia tiene su propio patrón único. Por ejemplo, si en el pasado se ha considerado que el tiempo en familia es importante, el patrón dictará que en una buena familia todos cenan juntos. Vamos a echar un vistazo a otras historias y patrones familiares que podrían acompañarlas.

HISTORIA: **Adicción**

PATRÓN: En nuestra familia sabemos aguantar el alcohol. Todos en la familia beben.

HISTORIA: **Estar en forma**

PATRÓN: En nuestra familia hacemos ejercicio con regularidad y comemos sano.

HISTORIA: **Enfermedad**

PATRÓN: Los miembros de nuestra familia mueren jóvenes. Todos tienen alguna enfermedad.

HISTORIA: **Divorcio**

PATRÓN: No se nos dan bien las relaciones. No hace falta casarse, porque todo acaba en divorcio o ruptura.

HISTORIA: **Educación**

PATRÓN: Somos aprendices de por vida. La universidad (u otros estudios superiores) es imprescindible para nuestra familia.

HISTORIA: **Estar ahí para el otro**

PATRÓN: Nos cuidamos. Nos sacrificamos por la familia.

HISTORIA: **Construir**

PATRÓN: Usamos nuestras manos y habilidades para construir y arreglar cosas. Somos muy mañosos.

HISTORIA: **Ser militares o pertenecer a la policía**

PATRÓN: Servimos a nuestro país. Nos sacrificamos por la comunidad.

Los patrones familiares son complejos. Por un lado, pueden ayudar a conectar con la familia y, a veces, incluso darle una identidad, como, por ejemplo, «la familia generosa», «la familia que sirve al país» o «la familia que supera obstáculos». Por otro lado, los patrones familiares pueden tener un lado negativo, por ejemplo, «la mayoría de mis familiares se divorcian y los que no, son infelices». Este patrón puede hacernos creer que no podremos llegar a tener una relación duradera, al igual que otros patrones sobre familias que tienen problemas con deudas o no gestionan bien el dinero pueden hacernos creer que nos pasará lo mismo. Una familia con un pasado de riqueza y estatus puede hacernos creer que hay cierta presión para comportarnos o ser de una determinada manera.

Estos patrones generan relatos familiares que moldean cómo nos vemos y cómo imaginamos nuestro futuro. Aunque pueden influir en nuestras conductas y en la forma en que construimos nuestra propia narrativa, no determinan lo que podemos lograr en nuestra vida. De hecho, muchas veces debemos reconocer que nuestro patrón familiar es una representación limitada e inexacta de cómo queremos vivir. Y entonces toca remar contra la corriente para crear un patrón nuevo.

Por ejemplo, si ha habido un pasado de drogadicción en tu familia, es probable que exista una fuerte influencia para que tú también consumas, abuses de sustancias o encuentres otra forma de adicción para afrontar los retos de la vida. Es importante que sepas que, aunque tu familia siga ese patrón, tú puedes encontrar maneras de vivir sin adicciones. Puedes ir a terapia, a programas para la adicción, afrontar tus traumas, aprender nuevos métodos para sobrellevar los problemas y luchar de forma activa contra todos los factores desencadenantes que puedas encontrar a lo largo de tu vida. Al hacer esto, creas un nuevo patrón familiar y rompes el ciclo del antiguo.

Eso es lo que intentaba hacer Nia. Cuando empezó a trabajar conmigo, solo era capaz de reconocer la gran influencia que tenía su patrón familiar sobre ella. Sentía la presión de hacer exactamente lo que sus padres querían que hiciera, sin cuestionárselo. Sentía que debía renunciar de manera voluntaria a su tiempo, recursos, conocimientos, información, sueños y deseos para satisfacer a su familia.

Nuestro trabajo conjunto ayudó a Nia a reconocer que este era un patrón familiar al que muchas personas de su familia se aferraban. Pero no todos lo aceptaban. Algunos lo rechazaban de manera frontal, aunque muy pocos habían encontrado una forma de crear un patrón nuevo. Con el tiempo, se dio cuenta de que quería decidir qué carrera profesional hacer y, al mismo tiempo, ayudar a su familia sin tener que sacrificar su propio bienestar.

Y así lo hizo: se dio permiso para soltar el patrón familiar. Hay momentos en los que todavía siente que ha de apoyar a su familia de formas que pueden perjudicarla; mediante nuestras sesiones, restablece su equilibrio y supera los sentimientos incómodos. Después, puede comunicarse con sinceridad con su familia.

¿Qué patrones familiares has sentido que debías seguir, incluso cuando iban en contra de tus sueños y deseos? Para muchos de nosotros, estos patrones están tan arraigados en nuestra vida y cultura familiar que cuesta reconocerlos. Algunos son invisibles y la única forma de cambiarlos o incluso aceptarlos es con la ayuda de un psicólogo, un coach o un amigo. ¿Quién podría ayudarte a ver, reconocer, reflexionar y cambiar tus patrones familiares?

Patrones fuera de la familia

Los patrones que moldean nuestras narrativas, comportamientos, pensamientos y trayectorias profesionales no solo provienen de nuestra familia, sino también del mundo exterior. De manera constante recibimos mensajes sobre lo que significa ser un hombre, una mujer, alguien de un grupo étnico, alguien con dinero o sin él, alguien de un barrio determinado, de determinadas profesiones o sin empleo.

Hay patrones para todo y, cuando encarnamos varios roles o identidades, esos patrones pueden superponerse. Por ejemplo, una mujer de origen indoasiático que trabaja como analista informática puede encontrarse con muchos patrones sociales que influyen en la narrativa que construye sobre sí misma.

Y sí, estos patrones del mundo exterior también pueden estar vinculados a estereotipos. Lo que esperamos de una mujer, o de alguien de un determinado país o con una identidad concreta, suele ir asociado a estereotipos étnicos y roles de género. Estos estereotipos y roles pueden limitarnos y, a veces, llevarnos a reprimir nuestros talentos y capacidades. Eso es lo que me pasó a mí al verme constreñido por los estereotipos de ser un hombre negro, nacido en Estados Unidos, heterosexual y de origen caribeño (jamaicano).

Durante una de las vacaciones de la universidad, cuando tenía poco más de veinte años y estaba estudiando para ser psicólogo, fui a casa a visitar a mis padres. Vivíamos en una casa de dos viviendas. Mis padres vivían en la planta baja y mis tíos y primos en la de arriba. Uno de mis primos —que tenía nueve años menos y al que consideraba un hermano— bajó a saludarme y nos dio a mi padre y a mí un beso en la mejilla. Yo me quedé atónito. Nunca había visto a mi padre besar a otro hombre, ni recordaba que él me hubiera besado a mí, ni yo a él. Pensé: «¿Cómo puede mi primo darle un beso a mi padre y yo no?». Estaba lleno de patrones y narrativas que decían que los hombres no se besan entre ellos, ni siquiera en la mejilla, y que en mi familia los hombres no se besan. Era un miedo homófobo interiorizado, alimentado por los patrones sociales, unido al patrón familiar sobre cómo «debían» actuar los hombres en nuestra familia.

Después de reflexionar sobre lo que me estaba frenando, decidí darme permiso para dejar atrás esas limitaciones. Quería ser capaz de darle un beso a mi padre sin estar condicionado por patrones, narrativas, miedos y estereotipos. Obviamente, no fue tan fácil como darle a un botoncito. Tuve que darme permiso para recorrer el proceso. Me llevó trabajo deliberado e intencionado reconocer y luego soltar los patrones que me impedían conectar con mi padre de esa manera.

La verdad es que estaba más dispuesto a cambiar el patrón familiar tras años de educación, supervisión, entrenamiento y apoyo por parte de otros, en los que aprendí muchísimo sobre mí mismo, las dinámicas familiares, los estereotipos y los procesos de cambio. El detonante que me permitió verlo con claridad fue observar a mi primo besar a mi padre. ¿Qué momento hará que tú tomes conciencia de los patrones familiares o sociales que te están limitando?

En mi caso, los patrones y las narrativas no desaparecieron tan solo por estar dispuesto a darme permiso. Tracé un plan, lo ensayé varias veces y, por fin, decidí que estaba listo para darle un beso a mi padre. Puede parecer algo muy sencillo, pero en ese momento fue un acontecimiento muy importante. Cuando se acercaba el día de mi marcha, decidí que le daría un beso de despedida a mi padre. De esa manera, si no salía bien o si él reaccionaba de forma negativa, podría irme y tomarme el tiempo necesario para procesarlo todo.

Pues bien, después de repetirme que lo podía hacer y de respirar hondo, fui a besar a mi padre en la mejilla, me desvié… y terminé por besarlo en la oreja, pero lo hice. Ahora, cada vez que lo recuerdo, me río. Darme permiso para hacerlo cambió nuestra relación, nuestra forma de mostrarnos afecto y nuestro vínculo durante los quince años siguientes, hasta que falleció.

Desde aquel beso en la oreja, cada vez que me despedía, le daba uno. Nunca lo hablamos, pero él tampoco me paró. Aquello supuso un nuevo nivel de intimidad entre ambos que acabé trasladando a otras relaciones, especialmente con mis hijos. Transformó el patrón familiar sobre el afecto y sobre cómo pueden relacionarse los hombres. Ahora soy padre de dos hijos —un niño y una niña— y a los dos les doy besos varias veces al día. A mi hijo siempre le he dado besos y el nuevo patrón familiar es que todos los miembros de la familia se dan besos, sean del género que sean.

¿Qué patrón familiar necesitas permitirte abandonar? Tu valentía al liberarte de un patrón poco saludable podría dar lugar al nacimiento de uno nuevo y sano que cambie a tu familia y a las generaciones venideras. Reflexiona sobre las reglas y expectativas (sean explícitas o implícitas) que has heredado de tu familia y que sigues arrastrando en tu vida adulta.

- ¿Cuáles son los patrones explícitos e implícitos de tu cultura y tu comunidad que has llevado contigo hasta la edad adulta?

- ¿Qué patrones familiares te impiden alcanzar aquello que realmente deseas en la vida?

....
....
....
....
....

- ¿Qué te sientes presionado a hacer que no quieres hacer?

....
....
....
....
....

- ¿Qué presionas a otros a hacer —sean tus hijos u otros miembros de la familia— que ellos no quieren?

....
....
....
....
....

- ¿Qué patrones sociales has recibido del mundo exterior que han influido en tu comportamiento?

....
....
....
....
....
....

- ¿Qué puedes hacer cuando darte permiso a ti mismo se vuelve incómodo? ¿Quién te apoyaría?

....
....
....
....
....
....

- ¿Qué patrones familiares quieres crear para las generaciones futuras?

....
....
....
....
- ¿Qué patrones familiares quieres crear ....

Me doy permiso para enfrentarme al trauma y sanar

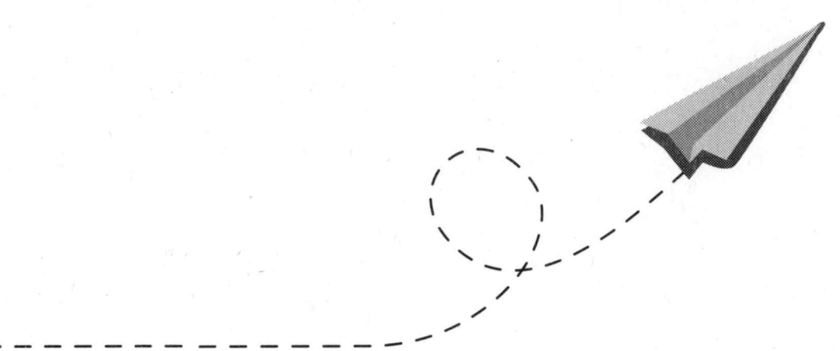

No eres culpable de tu trauma,
pero eres responsable de tu sanación.

Desconocido

Presenté mi libro *Me doy permiso* por primera vez en octubre de 2021, en Colorado Springs, ante un grupo de veteranos que participaban en un retiro de autocuidado. La sesión fue muy emocionante: los asistentes contaron multitud de historias personales y, en un momento dado, todos ellos se liberaron de la pesadez de su pasado entre lágrimas. Estaba previsto que la sesión durara cuarenta y cinco minutos, pero, a medida que la gente se abría y hablaba con mayor libertad, el organizador me hizo una señal para que siguiera hablando. Dos horas más tarde, concluimos nuestro tiempo de reparación y transformación con este increíble grupo de personas.

Kate fue una de las asistentes. Noté que, mientras yo hablaba, abandonó la sala y se quedó fuera un rato. Tras la charla, vino a darme las gracias y me contó que había salido a tomar un poco de aire.

Enfrentarnos a los obstáculos que nos impiden darnos permiso puede ser abrumador. En parte, esa es la razón por la que no lo hacemos. Puede resultar más fácil evitar darnos el permiso que anhelamos. Para superar esas limitaciones, debemos abordar directamente las narrativas que las crearon.

Cuando la gente asiste a mi charla y empieza a enfrentarse a esas narrativas, emergen las partes complicadas de su historia. Esto no es nada fácil y muchas veces requiere ayuda, apoyo, responsabilidad, afirmaciones y fe, entre otras cosas. Eso fue lo que le pasó a Kate. Nuestra sesión de dos horas le hizo recordar experiencias traumáticas de su vida que la habían llevado a vivir con limitaciones.

Seis meses después, compartí el mensaje de *Me doy permiso* con un grupo de líderes, empresarios, directores generales y ejecutivos en Phoenix. Kate, que también es líder, asistió a esa reunión. Ella ya sabía que yo iba a estar allí.

Estaba dispuesta a acudir y venía con una misión. Durante la parte de la sesión en la que pido a las personas que cuenten cuáles son los factores sociales que más les afectan y les limitan, Kate levantó la mano. Nunca olvidaré lo que me dijo: «Estuve en tu presentación en Colorado Springs, y quería contar mi experiencia, pero no pude. Desde entonces, no paro de pensar en por qué no lo hice, y me prometí que, si tenía otra oportunidad, hablaría. Así que he venido aquí para compartir lo que me ha estado afectando». Con lágrimas resbalándole por las mejillas, continuó: «Cuando era más joven, abusaron de mí sexualmente; ahora tengo casi cincuenta años. No puedo creer que me haya afectado durante tanto tiempo. Nunca he contado esa parte de mi vida, pero, después de escucharte, supe que, en mi caso, debía darme permiso para expresarme, enfrentar mi trauma y sanar».

La valentía y la determinación de Kate transformaron el ambiente de la sala. No se trataba solo de contar su experiencia de agresión sexual pasada; se trataba de su voluntad de luchar contra todo lo que la mantenía cautiva, incluido su silencio, para expresarse en un espacio seguro y recuperar su poder.

Muchos vivimos situaciones traumáticas, y el camino hacia la sanación es distinto para cada persona. Sin embargo, hay un elemento constante: la necesidad de permitirnos recuperar nuestro poder ante sus efectos y ante aquello —o ante quien— nos traumatizó. Eso fue, precisamente, lo que hizo Kate en Phoenix.

Al recuperar su poder y su voz, sirvió de ejemplo para los

demás y los inspiró a permitirse hacer lo mismo. Este capítulo está dedicado a esto mismo: a la sanación del trauma. ¿Has empezado a darte permiso para recuperar tu poder tras el trauma?

¿Es un trauma lo que he vivido?

Hay más personas que han sufrido dolor, situaciones traumáticas y abusos de lo que creemos. Los datos son impactantes. En mayo de 2024, la Organización Mundial de la Salud reveló que más del 70% de la población experimentará algún acontecimiento traumático a lo largo de su vida. En la mayoría de los casos, si miras a tu izquierda y a tu derecha, verás que dos de cada tres personas han sufrido algún tipo de trauma. Por lo tanto, la mayoría de nosotros convivimos con sus consecuencias, tratando de recuperarnos sanando de alguna experiencia traumática.

Pero ¿qué es exactamente el trauma? La Asociación Estadounidense de Psicología (s. f.) lo define como:

«El trauma es una respuesta emocional a un hecho terrible, como un accidente, un delito, un desastre natural, abuso físico o emocional, negligencia, la vivencia o la presencia de violencia, la muerte de un ser querido, una guerra, etc. Inmediatamente después del hecho, lo habitual es sentir conmoción y negación. Las reacciones a largo plazo incluyen emociones impredecibles, recuerdos intrusivos, relaciones tensas e incluso síntomas físicos como dolores de cabeza o náuseas».

Distintos tipos de abuso, agresión, acoso, injusticia, lesiones, presenciar lesiones o amenazas pueden experimentarse como trauma. Varias personas pueden vivir lo mismo, pero experimentar distintos grados de trauma. Una persona puede sentir que vivió algo que le cambió la vida y que la mantiene atrapada en un bloqueo emocional. Otra persona que pasó por lo mismo puede sentir que fue un momento difícil, pero no necesariamente traumático. Lo importante es lo que tú experimentas y cómo decides nombrarlo, no lo que otros dicen que es o debería ser.

Puede que otras personas intenten minimizar tu experiencia traumática, afirmando que no fue más que una complicación menor. Sin embargo, para permitirte sanar, primero debes ser capaz de reconocer que lo que viviste fue traumático, aunque los demás no estén de acuerdo.

Por supuesto, no todos los momentos difíciles que vivimos son traumáticos, pero quizá podríamos reconocer mejor las experiencias que realmente lo son si no dejáramos que otros nos convencieran de lo contrario. Así que, como primer paso, date permiso para aceptar que lo que viviste pudo haber sido un trauma.

Culpar a la víctima es real

En el campo de la psicología, siempre se ha concluido que alguien o algo es la razón de nuestro malestar, nuestros trastornos, nuestro diagnóstico o nuestros defectos de personalidad. Hay mucha verdad en la idea de que el dolor que experimentamos tiene algo que ver con otra persona o con algún problema social. Pero también es cierto que lo que hacemos y decimos, así como nuestra interpretación de lo que nos ha sucedido, contribuye a nuestra situación.

En los orígenes de la psicología, se creía que, para comprender y, posiblemente, curar todos nuestros problemas de salud mental, teníamos que revivir el pasado (esta creencia sigue presente en teorías como el psicoanálisis y las relaciones objetuales actuales). El neurólogo austriaco y fundador del psicoanálisis, Sigmund Freud, creía que nuestros comportamientos se basaban en pensamientos e impulsos de nuestro inconsciente. Sostenía que múltiples factores contribuían a nuestro inconsciente, incluidos los deseos sexuales reprimidos. Según él, si lográbamos superar con éxito lo que denominaba «etapas del desarrollo psicosexual», podríamos mejorar nuestra salud mental.

Freud es mundialmente conocido por sus teorías y enfoques, y sus métodos han sido objeto de debate y discusión durante casi un siglo. Uno de los enfoques más controvertidos tiene que ver con sus consideraciones sobre el trauma, en especial, el que experimentan las mujeres. En *Trauma y recuperación*, la doctora Judith Herman (1997) analiza un momento crucial en la carrera del doctor Freud que influyó en nuestra percepción sobre las mujeres, el trauma y el abuso sexual infantil.

A través de sus estudios, Freud descubrió que muchas de sus pacientes habían sufrido abusos sexuales en la infancia. A estas mismas mujeres también se les había diagnosticado histeria, que solía atribuirse a que eran «demasiado emocionales». Se consideraba una enfermedad física, pero también llegó a incluirse en la segunda edición (1968-1980) del *Manual diagnóstico y estadístico de los trastornos mentales (DSM-2)* de psicología, hasta que se retiró finalmente en 1980. (¡Sí, no fue hace tanto!).

Cuando Freud reconoció esta correlación, formuló la hipótesis de que la histeria era una respuesta al trauma y que había un número muy elevado de mujeres que habían sufrido abusos sexuales a lo largo de su vida, así como muchas que los habían sufrido en la infancia. Publicó estos hallazgos en su artículo «La etiología de la histeria» (1896) y fue uno de los primeros en señalar lo que hoy sabemos que es cierto: que muchas mujeres y hombres han sufrido traumas y abusos que han repercutido significativamente en su salud mental.

Tras hacer públicos estos pensamientos, Freud se dio cuenta de que el abuso y el trauma no solo afectaban a las personas de un barrio concreto o de una clase económica baja, sino también a aquellos considerados de clase social alta. Sabía que sus conclusiones responsabilizarían a todo el mundo, incluidas las personas con las que quería trabajar. Esto era importante porque su carrera estaba despegando y empezaba a tratar con la burguesía, entre ellos empresarios y personas influyentes y adineradas. Contar con este apoyo impulsaría su carrera, mientras que enemistarse con ellos —al insinuar que algunos podían ser abusadores sexuales de menores— podía destruirla. En un giro radical, se retractó de sus conclusiones y afirmó que el abuso y el trauma podrían estar más relacionados con la represión de deseos sexuales. Su culpabilización explícita de las víctimas reforzó la narrativa de que el abuso y el trauma eran el resultado de algo que la propia persona había provocado (en este caso, las mujeres), en lugar de algo que se le había hecho.

Me encantaría decir que, como sociedad, hemos aprendido de nuestros errores y ahora creemos las historias de las víctimas que han sufrido abuso. Pero, por desgracia, solo hemos encontrado cada vez más formas de culpar a las víctimas en lugar de escucharlas. Durante mis años de profesión, he escuchado a innumerables clientes contar que, cuando explicaron su historia, alguien no les creyó y pensó que estaban mintiendo.

Es extremadamente difícil darse permiso cuando se está atravesando un trauma, te sientes solo y temes que los demás no te crean. Pero eso no significa que debas renunciar a intentarlo. Tus experiencias, traumas o abusos son reales, aunque otros duden de ti.

Puede que algunas personas te culpen o intenten insinuar que hiciste algo para provocarlo, pero no es así. Tú no hiciste nada para merecer una experiencia traumática ni abusiva. Nadie se merece algo así. Darte permiso para sanar tu trauma implica reconocer que tu experiencia es real y que nada de lo que hiciste justifica que te ocurriera, con independencia de lo que digan los demás. Simplemente están equivocados.

Una pausa para el autocuidado

Antes de continuar, tomémonos un momento para bajar el ritmo y asegurarnos de que estás bien. Este capítulo puede ser incómodo para quienes han pasado por un trauma.

Para recuperarte, primero debes reconocer y, en ocasiones, revivir el trauma. Esto puede ser difícil, razón por la cual muchas personas lo evitan a toda costa. Por desgracia, el trauma puede seguir provocando pensamientos, recuerdos y flashbacks intrusivos. La gente a menudo bebe, consume sustancias, se mantiene ocupada, medita, se aísla, se disocia, reza, come en exceso, apuesta o hace cualquier otra cosa para no enfrentarse al trauma. Meditar o rezar, por supuesto, son conductas saludables, pero no cuando se utilizan para evitar un dolor profundo.

Por consiguiente, la evasión no funciona como tal. Solo hace que los efectos del trauma empeoren. Y, por desgracia, es casi imposible sanar del trauma sin repasar lo vivido.

Es probable que, al leer este capítulo, hayan empezado a surgir recuerdos traumáticos. ¿Qué estás sintiendo al leer estas páginas? ¿Notas algún cambio emocional? ¿Te sientes abrumado, triste, enfadado o impotente?

En ese caso, aquí tienes algunas herramientas que puedes utilizar como ayuda en tu proceso de sanación mientras continúas leyendo.

- **Respira hondo varias veces.** Una práctica habitual para ayudar a gestionar el estrés postraumático es la respiración cuadrada o «de caja». Consiste en inhalar contando hasta cuatro, aguantar la respiración contando hasta cuatro, exhalar contando hasta cuatro y volver a aguantar la respiración contando hasta cuatro. Una vez hecha una ronda, repítela tres veces más hasta sumar un total de cuatro (Cleveland Clinic, 2021).
- **Tómate un descanso de la lectura y sal a pasear.** Después vuelve y sigue leyendo.
- **Tómate un descanso,** lleva este libro a tu próxima sesión de terapia, léelo allí con tu terapeuta y comparte tus pensamientos.
- **Combina el proceso de darte permiso para sanar tu trauma con sesiones** de terapia EMDR (desensibilización y reprocesamiento por movimientos oculares).

De la vergüenza a la sanación

La vergüenza es un sentimiento frecuente después de vivir un trauma. Sin tratamiento, la vergüenza puede intentar tomar el control de tu vida y aparecer a diario para hacerte sentir inseguro e inferior. También puede intentar hacer que apagues tu luz y aumentar tu tristeza y tu depresión.

La vergüenza derivada del trauma puede hacer que te preguntes si merecías esa experiencia. Puede hacer que revivas el incidente una y otra vez en tu mente o que sientas que vales menos que los demás. Puede hacerte creer que eres el único que ha tenido esta experiencia y, posiblemente, sugerirte que deberías rendirte.

Cuando te permites sanar tu trauma, reconoces que la vergüenza quiere hacerte creer una narrativa falsa. Sí, el trauma te sucedió, pero, lo reitero, no fue culpa tuya. Tu voz, tus ideas, tu presencia y tu contribución al mundo son necesarias.

A pesar de todos sus logros, Kate luchaba contra su autoestima y se hacía pequeña en los momentos importantes de su vida. La primera vez que me oyó hablar sobre darse permiso, se dio cuenta de que la vergüenza que sentía había intentado silenciarla de manera constante. Por dentro, quería expresarse, pero la vergüenza le hacía pensar que nadie la escucharía ni la apoyaría.

Cuando asistió a mi presentación por segunda vez, dio el gran paso a nivel emocional y encontró consuelo en quienes la rodeaban. Sus experiencias fueron validadas, no cuestionadas. Todos los años de escuchar la versión de la vergüenza se desvanecieron en el momento en que se permitió contar su historia. Esto fue un gran avance en el proceso de sanación de Kate.

Existen múltiples formas de contar tu historia, usar tu voz y recuperar tu poder. La sanación puede incluir el permitirte disfrutar, romper con las relaciones dañinas, ayudar a otras personas que han sufrido traumas, permitir que otras personas se acerquen a ti, permitirte ser vulnerable ante los demás y, posiblemente, una combinación de todo. Sanar no significa que nunca vayas a sentir dolor, tristeza o sufrimiento a causa del trauma. Pero ese trauma dejará de dominar tu día, tu semana, tu mes o tu vida, como lo hacía antes.

El proceso de sanación podría incluir algunos o todos estos pasos: (1) reconocer que has experimentado algo doloroso, dañino o traumático; (2) buscar ayuda, lo que podría incluir hablar con un terapeuta y consultar a un médico si hay síntomas físicos; (3) escribir un diario sobre tu proceso, y (4) compartir tu historia con otras personas, empezando por aquellas en las que confías y que sabes que te apoyarán.

El cuarto paso fue el proceso de Kate. Ella encontró una nueva alegría en su vida y en sus relaciones después de permitirse sanar.

Ten presente que el trauma que viviste nunca debería haber ocurrido y que ese trauma no debe seguir robándote momentos de tu vida. La sanación no borra el trauma, pero sí te devuelve la vida. Por supuesto, es un proceso y no algo que se consigue de la noche a la mañana, así que empieza hoy mismo. **Date permiso para sanar tu trauma.**

- ¿Alguna vez has querido contar algo tras un impulso de inspiración, pero te has frenado pensando que nadie querría escuchar tu historia?

. . . .
. . . .
. . . .
. . . .
. . . .

- ¿A quién recurres cuando te ocurre algo difícil, complicado o traumático?

. . . .
. . . .
. . . .
. . . .
. . . .

- ¿Alguna vez has sentido que perdías tu oportunidad y has deseado tener otra? Y, cuando llega esa segunda oportunidad, ¿la aprovechas como hizo Kate?

. . . .
. . . .
. . . .
. . . .
. . . .
. . . .

- ¿Qué papel ha desempeñado el trauma en tu vida?

. . . .
. . . .
. . . .
. . . .
. . . .

- Cuando otros menosprecian tu trauma o experiencia, ¿qué haces?

. . . .
. . . .
. . . .
. . . .
. . . .

- ¿Te han culpado otros por las experiencias difíciles y traumáticas que has vivido?

....
....
....
....
....
....

- ¿De qué te avergüenzas? ¿Qué papel ha tenido la vergüenza en tu vida?

....
....
....
....
....
....

- En qué punto del proceso de sanación te encuentras:

    √ ¿Has reconocido que has vivido algo doloroso, perjudicial o traumático?

....
....
....
....

√ ¿Has buscado alguna ayuda, como acudir a un terapeuta o consultar a un médico si se presentan síntomas físicos?

....
....
....
....
....
....

√ ¿Llevas un diario sobre tu proceso de sanación?

....
....
....
....
....

√ ¿Les has contado tu historia a otras personas, empezando por aquellas en las que confías y que sabes que te apoyarán?

....
....
....
....
....

- ¿Cómo te sientes al permitirte sanar tu trauma? Piensa sobre lo que evitas hablar y permítete sentir dolor, ira, herida, sufrimiento o cualquier otra emoción. Hazlo en presencia de un terapeuta si te da demasiado miedo hacerlo a solas.

  ....
  ....
  ....
  ....
  ....

- Cómo sería tu vida si no creyeras en la narrativa falsa de la vergüenza:

  ✓ Comienza haciendo una lista de las narrativas en las que piensas.

  ....
  ....
  ....
  ....

  ✓ Decide cuáles son falsas y cuáles son verdaderas.

  ....
  ....
  ....
  ....

- Escribe narrativas positivas y afirmativas para contrarrestar cada una de las falsas. Por ejemplo: «Mi trauma ocurrió porque salí cuando debería haberme quedado en casa». Esa es una narrativa falsa. El trauma ocurrió porque alguien hizo o dijo algo que fue dañino para ti. Como afirmación positiva, puedes decir: «Puedo salir un rato con mis amigos o quedarme en casa; esa es mi elección» o «estoy trabajando en mi trauma y seguiré recuperando mi poder para hacer lo que es mejor para mí».

Capítulo 8

Me doy permiso para perdonar

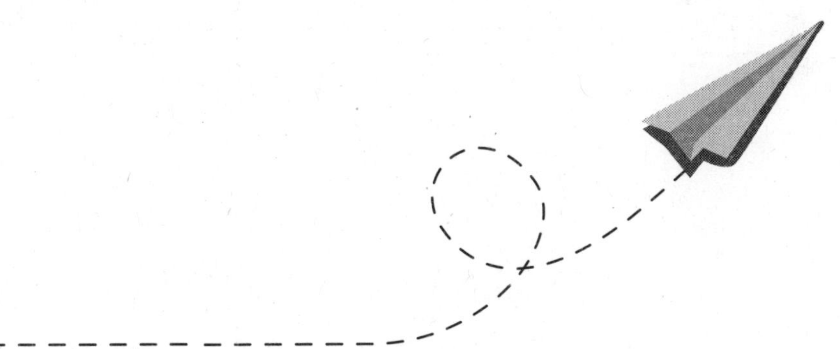

El perdón no es un acto ocasional;
es una actitud permanente.

Dr. Martin Luther King Jr.

Puede que suene a cliché decir que perdonar a otros es más por nosotros que por ellos, pero es verdad. Cuando no perdonamos, dedicamos más energía mental y emocional a la persona que nos ha hecho daño que a nuestra propia felicidad y bienestar. Sí, sé que perdonar es más fácil en la teoría que en la práctica. Cuando nos han hecho algún mal, nos han hecho daño, nos han traicionado o hemos vivido una injusticia, nuestra mente y emociones se centran en la otra persona y en lo que nos ha hecho.

A veces pensamos en lo que nos gustaría decir o hacer la próxima vez que la veamos. Algunos incluso piensan en vengarse. Aunque esta es una reacción perfectamente normal, es increíble e inspirador ver a alguien que ha vivido un acontecimiento duro y trágico en su vida por culpa de otra persona y, aun así, encuentra una manera de darse a sí mismo permiso para perdonar. Hablemos de un acto de perdón extraordinario.

Leon Ford, autor y activista, participó en mi pódcast, LEAPcast, en junio de 2022, alrededor de un año antes del lanzamiento de su libro *An Unspeakable Hope: Brutality, Forgiveness, and Building a Better Future for My Son* (Ford, 2023). Contó su camino para permitirse perdonar y convertirse en su mejor versión.

Una descripción online del libro de Leon dice: «En 2012, Leon Ford, con diecinueve años, recibió cinco disparos de un agente de policía de Pittsburgh en un control cargado de tensiones raciales por un caso de identidad equivocada. Cuando despertó en el hospital, tuvo que enfrentarse a dos realidades que le cambiarían la vida: había sido padre y estaba paralizado de cintura para abajo. Leon se dio cuenta de que la única manera de pasar página era soltar aquella amargura y aprender a practicar el perdón».

Cuando la policía paró a Leon, asumieron automáticamente que era sospechoso por su raza y pensaron que llevaba un arma encima. Sin embargo, no iba armado y no había cometido ningún delito. Cuando despertó después de haber recibido varios disparos, estaba esposado a una cama de hospital.

Decir que fue una experiencia traumática es quedarse muy corto: hubo injusticia racial, violencia armada y parálisis. Mientras Leon estaba en el hospital, su novia de aquel momento estaba dando a luz a su hijo. No pudo estar presente en el nacimiento porque todavía lo seguían considerando sospechoso. Después le comunicaron que no podría volver a caminar.

Pasaron muchas cosas al mismo tiempo: lo maltrataron por ser negro, le dispararon, se perdió el nacimiento de su hijo y se quedó paralítico. El impacto combinado de todo aquello sumió a Leon en una espiral emocional de tristeza, depresión, ira, rabia, aislamiento y pensamientos suicidas. Su familia y sus amigos trataron de apoyarlo, pero el dolor y el odio le consumieron hasta que, un día, decidió que no podía seguir así. Empezó a ir a terapia y a dejar que otros cuidaran de él. Con el tiempo, recuperó la confianza y un renovado sentido del propósito vital.

Leon sabía que podía cambiar las cosas con sus palabras, su plataforma y sus acciones. Habló abiertamente sobre su camino y el proceso de sanación. Después, hizo algo que dejó sorprendido a todo el mundo. Sabía que no iba a poder vivir la vida que deseaba, ser el padre que quería ser ni tener un impacto real si no perdonaba a los policías que le habían disparado.

Quería que su hijo tuviese una vida mejor que la suya, pero, para que eso fuera posible, Leon sabía que tenía que cambiar. Aumentó la práctica de la gratitud y de la atención plena, y examinó todas las partes de su vida, no solo la violencia armada que había vivido. Se dio permiso para perdonar a los agentes, tanto interna como públicamente. Después decidió reunirse con ellos en persona. El encuentro se canceló y reprogramó varias veces por los agentes, hasta que por fin se llevó a cabo. Este encuentro cara a cara dio pie al desarrollo de una conexión auténtica y, con el tiempo, a una colaboración.

Juntos, Leon y el hombre que había sido el jefe de policía en el momento del tiroteo crearon una organización sin ánimo de lucro llamada Hear Foundation (www.hearfoundation.com). Su misión es convocar, financiar e implementar iniciativas que fomenten las relaciones entre la policía y los residentes, fortaleciendo los barrios de Pittsburgh. El objetivo de esta colaboración es ayudar a sanar a la comunidad reuniendo a los líderes, la policía de Pittsburgh y los residentes para crear un espacio seguro y próspero para todos.

Leon sabía que su acto de perdón era necesario para avanzar en su vida, pero crear la fundación también ayudaría a la comunidad a perdonar. Muchas personas en su ciudad y en todo el país todavía estaban enfadadas y asustadas, y no querían que sucedieran más incidentes de carácter racial. La fundación permitiría que su viaje personal de perdón se convirtiese en un puente hacia el perdón y la sanación de la comunidad.

El perdón es un proceso

Perdonar es el acto de liberar nuestro dolor emocional, físico, financiero o espiritual. Es el proceso de llegar al punto en el que podamos decir que no odiamos a la persona que nos hizo daño y que ya no estamos enfadados con ella.

Para algunas personas, perdonar es un proceso de reconciliación que vuelve a unir a amigos, familiares, compañeros de trabajo y parejas sentimentales. Para otras, perdonar libera a la persona que ha ofendido, pero el resultado no tiene por qué ser una amistad ni ningún tipo de vínculo en absoluto. Podemos perdonar y seguir cada uno su camino.

Es importante entender que darse permiso no es tan simple como pulsar un interruptor, se trata de un proceso. Hay un vaivén por el que tenemos que pasar en nuestra mente y emociones. Podemos preguntarnos si estamos haciendo lo correcto, si estamos siendo débiles, si servirá de algo o, incluso, cuánto tiempo va a llevar.

No obstante, darte permiso para perdonar no significa olvidar que ha ocurrido algo negativo. Leon nunca olvidará que le dispararon ni que eso le causó una parálisis. Siempre recordará qué le pasó y cómo. Pero tomó una decisión consciente de perdonar a las personas responsables de su dolor.

El objetivo no es olvidar. Recordar lo ocurrido a veces puede ser una fuente de motivación en otros aspectos de la vida. Para Leon, recordar lo que sucedió alimentó su capacidad para defender a los demás y ser un activista en contra de las injusticias.

No permitas que el resentimiento te robe el futuro

Cuando una persona hace algo que nos hiere, daña u ofende, el dolor que sentimos suele acabar en resentimiento, que se convierte en un arma para intentar protegernos de más dolor. Pero no funciona como creemos. De hecho, nuestro resentimiento puede ser tan intenso que lo sienta todo el mundo, incluyendo las personas que nos quieren y desean estar a nuestro lado. Puede terminar alejando a quienes intentan apoyarnos.

El objetivo es no permitir que el resentimiento nos robe nuestro futuro. Tenemos que darnos permiso para, en lugar de eso, seguir el camino del perdón.

Ahora, veamos un segundo acto de perdón. En enero de 2023, Damion Cooper, director ejecutivo de Project Pneuma (www.projectpneuma.org), participó en mi pódcast y contó su impactante historia de cómo se permitió perdonar y ser él mismo.

Esa fue la decisión de Damion, pero no fue sencillo. A los veinte años, estaba en la universidad con una beca deportiva de lucha libre. Acababa de terminar un entrenamiento y decidió irse a casa y visitar a su familia para disfrutar de una comida casera. En ese momento no tenía coche, así que cogió dos autobuses para ir a casa. Tras bajarse del último autobús, pasó por un barrio con un alto índice de criminalidad y casi había llegado a su casa cuando se giró y vio a dos hombres parados detrás de él. Uno de ellos sacó una pistola y disparó a Damion un centímetro por encima del corazón. Después de rebotar varias veces, fracturarle el esternón, romperle tres costillas y perforarle un pulmón, la bala se alojó en los nervios debajo de su brazo derecho.

No se sabe cómo, pero aun así fue capaz de llegar a la puerta de su casa y su padrastro lo ayudó a entrar. Después de que se le pasara el shock inicial, Damion empezó a sentir el dolor. Mientras sangraba profusamente, su madre lo mecía, su hermana gritaba y su padrastro lo abrazaba.

Cuando llegaron dos agentes de policía, uno de ellos acusó enseguida a Damion de estar involucrado en un delito y le preguntó si el tiroteo había sido un acto de represalia. Finalmente, empezaron a socorrerlo hasta la llegada de los servicios de emergencias. Con la ayuda de los bomberos del barrio, pudieron sacarlo de la casa. Él sintió cómo se le cerraban los ojos, y uno de los sanitarios le dijo: «Muchacho, si cierras los ojos, no serás capaz de volver a abrirlos. Céntrate en las farolas de la calle y cuéntalas».

Damion fue operado y luego tuvo que superar una larga recuperación, durante la cual desarrolló una depresión. Los médicos le informaron de que no podría volver a luchar, lo que significaba que perdería la beca. Bajó mucho de peso y no podía ducharse ni ir al baño solo. Se sentía abatido, dejó de creer en Dios y de hablar con la gente. Estaba lleno de resentimiento y se preguntaba sin parar: «¿Por qué a mí? ¿Qué he hecho yo para merecer esto?». Le daba miedo salir de casa porque no sabía quién le había disparado ni si volvería a hacerlo. Tuvo que luchar contra la depresión, la tristeza, la desesperación y la ansiedad durante muchos años.

Unos cuatro años después, Damion estaba en su punto más bajo y se planteó quitarse la vida una Nochevieja. Antes de que pudiera hacerlo, dos amigos fueron a verlo y lo invitaron a ir a la iglesia. Por el camino, pasaron por el mismo barrio donde le habían disparado años atrás. De inmediato, revivió el trauma.

Durante la misa, el sacerdote habló directamente a Damion. Él recuerda: «Esa noche era 31 de diciembre de 1996. Habían pasado cuatro años, dos meses y dieciocho días desde que me dispararon, y sentí que era la primera vez que alguien me escuchaba». Esa experiencia de sentirse escuchado y visto empoderó a Damion para permitirse soltar el dolor, la depresión, el sufrimiento, la pérdida y el resentimiento. Y hasta soltó un grito desgarrador.

Ese momento cambió su futuro. Durante aquel servicio religioso, con lágrimas y mocos resbalándole por la cara, decidió perdonar a la persona que le había disparado. Sin saber quién era esa persona, comprendió que tenía que soltarlo todo, incluyendo el resentimiento y el perdón.

Más adelante, Damion terminó la universidad, luego fue al seminario y empezó a hacer voluntariado en un servicio religioso penitenciario. Durante el tiempo que estuvo allí, fue mentor de chicos jóvenes, a quienes ayudó a desarrollar habilidades para la vida y encontrar recursos para hacer la transición entre estar encarcelados y volver a la libertad.

Sin saberlo, comenzó a ser mentor del joven que le había disparado. En una conversación en la prisión, en presencia de un funcionario penitenciario y un capellán, el joven contó que había disparado a alguien de camino a casa. Damion se dio cuenta en ese momento de quién era el chico y dijo: «Tú me disparaste». Se acercó al joven y le enseñó su herida. Entonces dijo: «Te perdono». Y los dos rompieron a llorar.

El poder del perdón

Aquel joven fue finalmente puesto en libertad, se involucró en la iglesia, se casó y tuvo dos hijas. Ha manifestado que recibir la orientación y el perdón de Damion lo ayudó a cambiar su vida. Estos dos hombres también han seguido en contacto desde entonces.

Gracias a que Damion se dio permiso para perdonar y soltar todo el resentimiento, no solo pudo sanar del trauma que había sufrido, sino que su perdón también ayudó al joven que le había disparado, así como a otras personas del entorno de ambos.

Puede que lleve tiempo, pero, si nunca trabajamos para perdonar, es probable que guardemos rencor para siempre. Es un proceso complejo que en la mayoría de los casos requiere una intención consciente. Empieza con un pensamiento: cuando nos decimos a nosotros mismos que vamos a perdonar a la otra persona. Primero tenemos que llegar a ese punto mentalmente. Después debemos decirlo en voz alta. Cuando lo hacemos, se vuelve más real.

Por último, debemos vivir ese perdón lo mejor que podamos, lo que significa recordarnos de forma activa a nosotros mismos que hemos perdonado a la otra persona. También ayuda recordarnos que perdonar significa darnos permiso para centrarnos más en nuestro futuro y no en nuestro pasado.

Al principio, puede que tengamos que recordárnoslo varias veces al día, pero con el tiempo se volverá parte de nuestra vida. Esto fue lo que hizo Damion y lo que puedes hacer tú también cuando te permites perdonar.

El perdón a uno mismo

El tipo de perdón más difícil para la mayoría de las personas es el perdón a uno mismo. Puede que nos culpemos por errores que hemos cometido o por no ser perfectos. Quizá hemos suspendido una asignatura, hemos confiado en la persona equivocada o hemos hecho algo que ha herido a una persona que queremos. A veces puede que pasemos por una mala racha (estamos deprimidos, nos sentimos abrumados o ansiosos, o simplemente no nos sentimos en nuestro mejor momento) en la que cometemos errores o tomamos malas decisiones.

Algunos de esos errores pueden ser graves y desembocar en la pérdida de un trabajo, el final de una relación o amistad, un accidente de tráfico, una condena, el distanciamiento de un familiar y un sinfín de situaciones más. Puede que otras personas ni siquiera lleguen a ver la gravedad del dolor interno que sientes como resultado de lo que has hecho. He trabajado con clientes que traicionaron la confianza de su pareja, un familiar, compañeros o colegas, y recuperar la confianza es un proceso muy largo y difícil. Todo esto lleva a sentir que no podemos darnos permiso para perdonarnos.

Cuando hacemos daño a personas que nos importan, hacemos algo que no se corresponde con nuestros valores o vivimos situaciones en las que sentimos que hemos fracasado, nuestros pensamientos internos pueden hacernos creer que somos nuestros errores, en lugar de alguien que ha pasado por un momento (o momentos) en el que ha tomado una decisión que no era la mejor. Por desgracia, repetimos en nuestra cabeza el incidente o situación una y otra vez. Repasamos las partes que nos hacen sentir mal y, después, la autocrítica negativa añade más vergüenza y culpa. Nos decimos cosas hirientes y dañinas que refuerzan la narrativa dicotómica de que somos «malos», mientras que otros son «buenos». La narrativa de que eres «menos que» o «no lo bastante bueno como» suele repetirse una y otra vez, hundiéndote cada vez más en la autoculpabilidad. Puede que sientas que no mereces ser feliz o que no puedes confiar en ti para tomar decisiones.

La realidad es que las narrativas hirientes y negativas que te cuentas a ti mismo son falsas. Tus errores y malas decisiones no son la suma total de quién eres. No te definen. Sí, tal vez haya un patrón que debas identificar, y quizá necesites apoyo para dejar de repetirlo. Pero ese patrón no significa que valgas menos, que estés dañado, que seas prescindible o que no merezcas el perdón de los demás o el tuyo propio.

El perdón a uno mismo es un acto hermoso y necesario de amabilidad y amor hacia ti. La vergüenza, la repetición constante del diálogo interno negativo y el castigarte una y otra vez suelen perpetuar los patrones negativos, al tiempo que reducen el amor que te das. Tu familia, tu pareja, tus amigos y tus colegas quieren que te ames y valores la versión de ti que no se aferra a tanta vergüenza. Darte permiso de perdonarte es necesario para avanzar en la vida.

Aquí hay algunas maneras de comenzar el proceso del perdón a ti mismo:

- Sé sincero contigo mismo sobre lo que has dicho o hecho.
- Reflexiona sobre lo que te llevó a hacerlo.

- Pide perdón a la persona a la que hiciste daño. (Si te perdona, estupendo. Ahora puedes hacer tú lo mismo. Si no te perdona, no significa que tú no puedas perdonarte).
- Recuérdate que, a pesar de lo que haya pasado, está bien practicar la autocompasión.
- Busca ayuda de un terapeuta, un coach o una persona de confianza.
- Lee libros y escucha pódcast sobre maneras de acallar el diálogo interno negativo y cultivar el amor propio.
- Date permiso para perdonarte.

Repite tantos de los pasos anteriores como sea necesario hasta que empieces a vivir una vida de perdón hacia ti mismo.

Promover el perdón

Este apartado ofrece distintas maneras de fomentar el perdón.

Escribe una carta de perdón. Puede ir dirigida a alguien a quien te gustaría pedir perdón, o puede ser para ti, para practicar el perdón hacia ti mismo. El acto de escribir una carta o un diario puede ser terapéutico porque te permite plasmar tus emociones y liberar el resentimiento. Comparte la carta con tu terapeuta o una persona de confianza. En este punto, no hace falta que la envíes a la persona a la que le pides perdón.

Haz una lista de afirmaciones relacionadas con el perdón. Por ejemplo: (1) «Soy mucho más que mi(s) error(es)». «Está bien aceptar el perdón». (2) «El dolor que siento es real, pero no perdonar hará que ese dolor permanezca dentro».

Escribe una lista de los pensamientos que te impiden perdonarte a ti mismo o perdonar a otra persona.

Reflexiona sobre cómo te sentiste cuando alguien te perdonó o la última vez que fuiste testigo de un acto de perdón.

Haz un ejercicio de dramatización. Si tienes pensado perdonar a alguien o pedir perdón, practícalo con tu terapeuta o una persona de confianza. Ensaya lo que vas a decir varias veces hasta que te sientas cómodo.

Practica la atención plena. Presta atención a tu respiración, a tu cuerpo y a tus emociones cuando pienses sobre el perdón, cuando pidas perdón y cuando lo ofrezcas.

Reflexiona sobre las siguientes preguntas. Luego, saca tu cuaderno o escribe tus pensamientos a continuación o en el espacio para notas que tienes al final del libro.

- ¿Qué hace que te resulte difícil perdonar?

....
....
....
....
....
....
....

- ¿Qué harías si tuvieras delante a la persona que te hizo daño?

....
....
....
....
....
....
....

- ¿Serías capaz de permitirte perdonar después de que algo indescriptible te pasase a ti o a alguien a quien quieres?

....
....
....
....
....
....

- ¿Crees que perdonar a alguien es una señal de debilidad?

....
....
....
....
....
....

- ¿Guardas resentimiento o rencor hacia alguna persona?

....
....
....
....
....

- ¿Puede tu acto de perdón crear un efecto dominó en la vida de las personas que te rodean?

  . . . .
  . . . .
  . . . .
  . . . .
  . . . .
  . . . .

- ¿Qué has aprendido sobre el perdón con las historias de Leon y Damion?

  . . . .
  . . . .
  . . . .
  . . . .
  . . . .
  . . . .

- ¿Necesitas pedir perdón a alguien?

  . . . .
  . . . .
  . . . .
  . . . .
  ¿Puede tu acto de perdón crear un efecto dominó . . .

- ¿Te cuesta perdonarte por alguna cosa que has hecho?

- ¿Qué narrativas negativas te impiden perdonarte?

- ¿Te cuesta perdonarte por alguna cosa que has hecho?

Me doy permiso para jugar y descansar

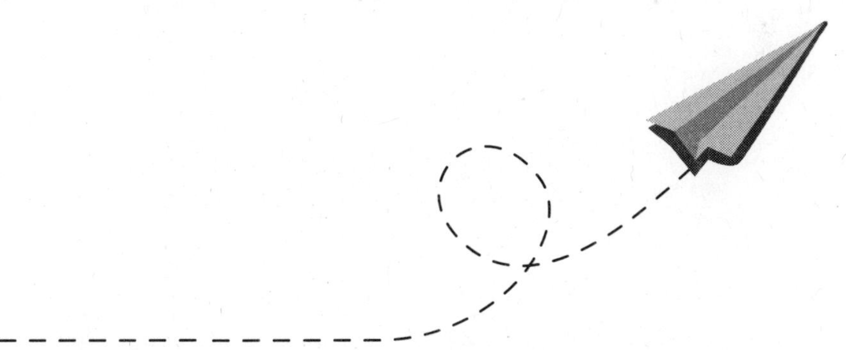

No dejamos de jugar porque envejecemos;
envejecemos porque dejamos de jugar.

George Bernard Shaw

De pequeños, ir rápido, saltar muy alto y chocarnos con las cosas nos parece divertido. Sin embargo, a medida que vamos creciendo, nos empieza a parecer imprudente y comenzamos a calcular los posibles riesgos. Tenemos la cabeza llena de miedo y ansiedad por todo lo que podría salir mal o quizá nos preocupa lo que opinen los demás. Y, cuando queremos darnos cuenta, la diversión, el juego y la emoción pasan a ser experiencias limitadas que quizá solo exploramos una vez al año, en vacaciones.

No dejo de escuchar historias de este tipo: de directores ejecutivos, de personas que se quedan en casa para cuidar a su familia y de quienes tienen varios trabajos. Quienes queremos lo mejor para las personas que nos importan solemos enfrentarnos a esta problemática. Trabajamos con ahínco para satisfacer sus necesidades y, al mismo tiempo, hacemos menos para nosotros mismos: disfrutar, descansar y gozar de la vida en general.

Uno de mis clientes de coaching ejecutivo, Leo, es el ejemplo paradigmático de alguien que hace tanto por los demás que luego le queda muy poco tiempo para el descanso o el ocio. Es veterano del Cuerpo de Marines de Estados Unidos, líder comunitario, consultor empresarial, padre, marido, hijo, hermano y amigo. Todos lo admiran y acuden a él cuando necesitan algo. Cuando le suena el móvil, suele ser alguien pidiéndole un favor: ayuda tras una defunción en la comunidad, un familiar hospitalizado, una necesidad económica o un negocio que no logra alcanzar sus objetivos financieros. También recibe peticiones diarias de sus hijos, sus padres y su mujer.

Leo sirvió a su país con lealtad y, sí, ayudar al prójimo está en su ADN. Piensa a menudo en los demás y se ofrece a echar una mano incluso aunque nadie se lo pida.

Sin embargo, ese servicio inquebrantable tiene un coste. Ese nivel de responsabilidad le genera un enorme estrés crónico. No suele descansar lo suficiente y sufre insomnio a menudo. Se levanta muy temprano para tratar de atender las necesidades y demandas de todos los demás, pero apenas dispone de tiempo para sí mismo. Cuando asistió a un programa de liderazgo en el que impartí mi charla «Me doy permiso», Leo se dio cuenta de que no se estaba dando permiso para jugar, descansar ni disfrutar de la vida.

Desde entonces, dar permiso a su cuerpo y a su mente para respirar, descansar, decir que no, ponerse en primer lugar, descansar y hasta irse de vacaciones le ha cambiado la vida. Leo ahora va a montar a caballo unas cuatro o cinco veces al año; ha intentado mejorar su higiene del sueño (limitando la tecnología y las pantallas antes de acostarse, relajándose y practicando *mindfulness*), y se ha dado permiso para viajar más. De hecho, se fue con su mujer a París para celebrar su aniversario y también visitaron Dubái, entre otros destinos. Está decidido a ver mundo y divertirse dondequiera que vaya.

Le encanta llevarse de viaje el cojín de «Me doy permiso» que le regalé y hacerse fotos con él. El cojín ha visto la torre Eiffel y muchos otros lugares emblemáticos del mundo. Es su forma divertida de recordarse que se está dando permiso para priorizarse, aunque muchas personas sigan necesitando algo de él.

Leo encontró la manera de darse permiso para descansar y jugar, y, al mismo tiempo, aprendió que su comunidad no se derrumbaría sin él. ¿Y tú? ¿Te das permiso para descansar y divertirte?

....

La importancia del juego y del descanso

¿Vives siempre en modo «acción»? En nuestra sociedad, sentimos la presión de ganar más dinero, de mantener el ritmo de los demás y trabajar a destajo… solo para llegar a fin de mes y gracias. Las exigencias para no dejar de avanzar pueden venir tanto de presiones internas como externas: desde sentir que necesitamos el coche, la prenda o el dispositivo de moda hasta pagar las extraescolares de los hijos, saldar deudas o hacer horas extra para pagar el alquiler que ya tienes atrasado. La presión está en todas partes. Y, como resultado, el descanso y el juego suelen quedar relegados a un segundo plano.

Es normal creer que descansar y jugar no son algo productivo. Puede que hayas oído que, si quieres que te tomen en serio, tienes que dedicar más tiempo a trabajar, hacer cosas y estar ocupado. Quizá te han dicho que tienes que ser el doble de bueno o trabajar más que los demás si quieres llegar a ser alguien. El mensaje implícito es que descansar y jugar es de vagos.

A lo largo de este libro te he animado a darte permiso para hacer muchas cosas: asumir riesgos, ser imperfecto, vivir con valentía, soñar a lo grande, sanar, perdonar, amar… Pero incluso con todo eso, si no tienes cuidado, puede parecer que tienes que esforzarte más y renunciar al tiempo de descanso y juego.

Creo firmemente que, cuanto más tiempo dedicamos al descanso y al juego, más preparados estamos para darnos permiso en otros ámbitos. El juego, la diversión, la creatividad, la música y el teatro pueden liberar estrés y ayudarnos a sanar. El juego y el descanso nos ayudan a regular las emociones, a comunicar nuestros pensamientos y sentimientos, a resolver problemas, a innovar y a desarrollar una mayor autoconciencia.

Cuando trabajamos, añadimos tareas a nuestra lista diaria, hacemos algún tipo de voluntariado, cuidamos y amamos a los demás sin parar, es muy posible que acabemos quemados, que discutamos más, que nos sintamos menos creativos o innovadores y que nos demos menos permiso justo en los ámbitos donde más lo necesitamos. En definitiva, nos desequilibramos cuando hacemos de todo… menos descansar y jugar.

Juega como un niño

Los niños tienen la capacidad maravillosa de integrar el juego en cualquier cosa que hacen. Recientemente, estuve en un acto donde había varios niños que no se conocían entre sí. Sin embargo, en cuestión de minutos estaban corriendo, jugando y persiguiéndose unos a otros. En lugar de quedarse quietos, se hicieron amigos e inventaron un juego.

En una excursión familiar, los tres niños presentes empezaron a jugar al «Pato, pato, ganso». Normalmente, este juego requiere al menos cuatro jugadores para que se dé el factor sorpresa y haya tiempo para descansar entre rondas, pero a estos tres pequeños no les importó y jugaron igual. Como adulto observador, me hizo gracia, pero también me impresionó. Les daba lo mismo lo que hicieran los demás y no les importaba si eran suficientes o no. Les era facilísimo darse permiso para divertirse sin seguir las reglas al pie de la letra.

Por desgracia, cuando nos hacemos mayores, nos dejamos llevar por detalles que no importan y nos olvidamos de jugar. Todo se interpone: desde nuestra agenda hasta el miedo a que nos estén mirando. ¿Cuándo fue la última vez que jugaste a tu juego de cartas favorito, echaste una carrera para ver quién es más rápido (estira antes, que tenemos una edad), contaste una anécdota divertida, jugaste a un videojuego o a un juego de mesa… o jugaste, sin más?

Es hora de que los adultos nos demos permiso para jugar como niños. Si la única forma de conseguirlo es ponerlo en la agenda, que así sea. Haz lo que haga falta para reservarte un rato de diversión. No te arrepentirás: te ayudará a liberar el estrés acumulado. Jugar como un niño te traerá alegría, te hará reír y despertará tu creatividad e ingenio.

Descansa, pero de verdad

Dormir también es fundamental para el bienestar. Junto con la actividad física y una alimentación saludable, el sueño es uno de los tres pilares clave de una vida sana. Aun así, muchas personas tienen dificultades en uno o en todos estos ámbitos.

A más gente de la que imaginamos le cuesta conciliar el sueño o se despierta durante la noche. Y muchas personas de las que sí logran dormir descubren que se pasan la noche inquietas y dando vueltas en la cama. Así no es de extrañar que estén hechas polvo a la mañana siguiente.

En medio de la vorágine de la vida —con las exigencias del trabajo, la casa, el deporte y la comunidad— nos empujamos a unos límites extremos, a menudo sacrificando el sueño y el descanso. Quizá te levantas temprano para hacer ejercicio, leer o ayudar a los niños antes de ir a trabajar y llegar a tiempo. Puede que te acuestes tarde para ordenar la casa, revisar correos, avanzar en ese libro que llevas meses intentando terminar, ayudar a los niños con los deberes, rematar un proyecto del trabajo, mirar redes sociales o pasar tiempo con tu pareja… y, mientras tanto, vas retrasando la hora de dormir una y otra vez. Si te levantas temprano y te acuestas tarde, es muy probable que no estés durmiendo lo suficiente.

La mayoría no tenemos una buena higiene del sueño. Incorporar estos hábitos puede ayudarte a dormir mejor:

- Acostarte siempre a la misma hora.
- Evitar las pantallas unos treinta minutos antes de dormir.
- No echarte siestas largas, sobre todo al final de la tarde.
- Crear una rutina para desconectar.
- Evitar el picoteo nocturno.
- Cortar la cafeína por la tarde y la noche.
- No beber alcohol antes de acostarte.

¿Qué pasaría si te dieras permiso para dormir más y descansar mejor? ¿Cómo crees que afectaría eso a tu estado de ánimo, tu salud y tu bienestar mental?

Según la Asociación Estadounidense de Psiquiatría (2013), hay una relación directa entre el aumento del estrés y la disminución del sueño. Necesitamos un sueño de calidad para que el cuerpo se reinicie y nuestros órganos se reparen y liberen toxinas. Dormir también reduce la ansiedad, disminuye el cortisol —la hormona del estrés—, mejora el sistema inmunitario, aumenta nuestra capacidad cognitiva y reduce la irritabilidad. Además, recarga nuestro cuerpo, nuestra mente y nuestro espíritu. Sin un sueño de calidad es imposible funcionar bien.

Decir «sí» al descanso y al juego supone decir «no» a otras cosas

Darnos permiso para descansar y jugar puede significar decir «no» a otras cosas. Si estamos acostumbrados a ser productivos cada minuto que estamos despiertos, en realidad, estamos diciendo que sí a eso y que no al descanso y al juego. Incluso puede que estemos diciendo que no a actividades importantes para nosotros, como jugar con nuestros hijos o pasar tiempo de calidad con nuestra pareja.

Cuando decimos que no a las personas que nos importan, a menudo decimos que sí al trabajo, a las tareas y a las responsabilidades. Darnos permiso para jugar y descansar nos permite introducir más equilibrio en la vida. Es importante aprender a decir «no» para poder decir «sí» a aquello que de verdad valoramos, apreciamos y necesitamos para nuestro bienestar emocional, físico, financiero y mental.

Esto va por todos, y me incluyo. He tenido la suerte de darme permiso en muchos ámbitos de mi vida, pero, mientras escribía este libro, me he dado cuenta de que aún había espacios en los que no me lo daba. Uno de ellos era aprender a esquiar. Con lo apretada que tenía la agenda y el miedo a lesionarme, había dicho que no a oportunidades anteriores para tomar clases de esquí. Sin embargo, mientras escribía este libro, me decidí a no dejar que mis miedos y compromisos me impidieran ir a esas clases. Mi mujer también quería aprender, así que nos apuntamos juntos. Unos seis meses antes de empezar, se me llenó la agenda de compromisos como ponente y me sentí atrapado.

Me encanta la oportunidad de hablar en público y ofrecer este servicio, pero esta era la oportunidad de darme permiso para divertirme aprendiendo a esquiar. Al final, encontré una solución intermedia dividiendo el paquete de clases. Así, pude proteger mi agenda y decir «no» a otras oportunidades para poder decir «sí» a las clases de esquí. Asistí a las primeras cuatro horas de formación, pero no a las últimas cuatro. Aun así, aprendí lo suficiente como para querer volver a intentarlo.

En ocasiones, para darte permiso, tienes que empezar por donde buenamente puedas. No es un proceso de «todo o nada»; de hecho, suele ser un ejercicio de equilibrio. Yo quería divertirme, aprender a esquiar y llenarme los pulmones de aire limpio mientras pasaba tiempo con mi mujer. Sin embargo, no podía hacerlo al cien por cien porque también quería decir que sí a la mayoría de los compromisos como ponente. Así pues, dije «no» a mi agenda en la medida de lo posible, y «sí» a la diversión hasta donde pude. Viví una experiencia nueva y empecé a aprender otra habilidad.

La lección aquí no es que te pongas tanta presión para descansar y jugar que termines aumentando el nivel de estrés, lo cual iría en contra del objetivo. Lo importante es que te des permiso para divertirte, jugar, descansar y dormir, al tiempo que equilibras tus responsabilidades lo mejor que puedas. Nunca será perfecto, y no pasa nada. A lo largo de este libro hemos hablado precisamente de aceptar la imperfección. Recuerda que las experiencias memorables que crees a través del juego y la diversión, y el estado de calma que consigas con el descanso y el sueño, te ayudarán a estar mejor para los demás y también para avanzar hacia tus metas profesionales.

Tómate un tiempo para reflexionar sobre las preguntas que encontrarás a continuación. Después, vete al apartado para notas o abre tu cuaderno y apunta los pensamientos que surjan de tu reflexión. También puedes apuntarlos en el espacio que tienes a continuación.

- ¿Qué dificultades tienes a la hora de darte permiso para descansar y dormir?

. . . .
. . . .
. . . .
. . . .
. . . .
. . . .

- ¿Qué dificultades tienes a la hora de darte permiso para jugar y divertirte?

. . . .
. . . .
. . . .
. . . .
. . . .
. . . .

- ¿Qué responsabilidades temes descuidar si dedicas más tiempo a jugar y descansar?

....
....
....
....
....
....
....
....
....
....
....

- ¿A qué necesitas decir que no para poder decir que sí al ocio y al descanso?

....
....
....
....
....
....
....
....
....
....
....

- ¿Qué actividades te resultan divertidas y lúdicas?

....
....
....
....
....

- ¿Qué te aporta descanso y calma?

....
....
....
....
....
....
....

- ¿Cuándo puedes volver a jugar? **Programa una fecha** para este mes, a ser posible para esta misma semana.

  FECHA: ....

- ¿Cuándo puedes descansar de verdad? **Programa una fecha** para esta semana, de forma ideal, dedicándote al menos un rato cada día.

  FECHA: ....

- **Haz una lista de cosas que te guste hacer y sean reparadoras y divertidas para ti. Este será tu kit de descanso y juego. Reparte estas actividades por tu calendario como citas contigo mismo... ¡y no las canceles!**

✓ . . . .

FECHA: . . . .

✓ . . . .

FECHA: . . . .

✓ . . . .

FECHA: . . . .

✓ . . . .

FECHA: . . . .

✓ . . . .

FECHA: . . . .

✓ . . . .

FECHA: . . . .

✓ . . . .

FECHA: . . . .

✓ . . . .

FECHA: . . . .

✓ . . . .

FECHA: . . . .

✓ . . . .

FECHA: . . . .

Capítulo 10

Me doy permiso para cuidarme

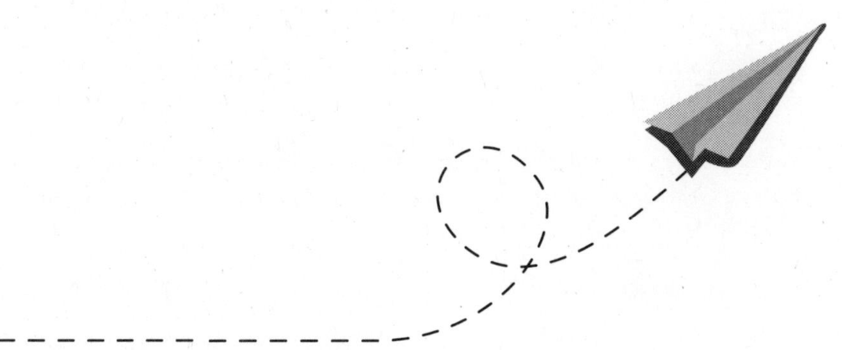

Cuidarme no es un acto de indulgencia,
sino de preservación, y es un acto
de resistencia política.

AUDRE LORDE

La presión por ganar más dinero, cuidar de los seres queridos, cumplir con nuestras obligaciones religiosas o cívicas y trabajar —a veces incluso en varios sitios o distintos turnos— puede mantenernos tan ocupados que nos quedamos sin tiempo para nosotros mismos. Pero ¿qué significa de verdad practicar el autocuidado? Ya hemos hablado del ocio y del descanso; ahora profundicemos en lo que implica de verdad cuidarse a uno mismo.

Muchos tenemos la sensación de entender qué es el autocuidado, pero aun así no lo practicamos. E incluso a sabiendas, por experiencias pasadas, de los beneficios que nos aporta, nos sigue costando darnos prioridad. Sin autocuidado, nuestra capacidad para gestionar el estrés, la ansiedad, la negatividad y las dificultades es limitada, y tarde o temprano acabamos agotados. Sin él, nos autodestruimos, repetimos patrones negativos y poco saludables, desarrollamos enfermedades y, a veces, mostramos nuestra peor faceta a quienes más queremos.

Debería ser fácil reservar un tiempo para el autocuidado, pero no lo es, ¿verdad? No encontramos el momento y no nos damos permiso para hacer los cambios necesarios que lo integren en nuestra vida.

En un capítulo anterior, te he hablado de mi madre y te he contado lo mucho que trabajaba, a veces haciendo turnos dobles en el hospital para mantener a la familia. Estaba tan ocupada cuidando de los demás que cuidarse a sí misma quedaba relegado a un segundísimo plano.

Por supuesto, nadie le había enseñado qué era el autocuidado. Había aprendido que debía trabajar incluso cuando libraba: limpiar, cocinar y organizar la casa. Y, si no estaba haciendo tareas domésticas, aprovechaba el día libre para cubrir un turno extra o participar en actividades de su comunidad religiosa. No se dedicaba a planificar retiros de autocuidado, escribir en un diario ni ir a un balneario. También le costaba dormir e, incluso, permitirse un ratito para disfrutar del entorno.

Parece que en la sociedad circula la idea de que el autocuidado es solo para otros: para los adinerados, para quienes no tienen nada mejor que hacer o para personas caprichosas con tiempo libre a espuertas. Y eso es rotundamente falso.

Nos hacen creer que es nuestro deber entregarnos a los demás todo lo posible, como si esa fuera la única forma de merecer nuestra propia existencia. Y ayudar es maravilloso, claro que sí, pero no podemos servir al otro si la jarra está vacía, así que primero tenemos que aprender a llenar la nuestra.

Entonces ¿cómo nos damos permiso para priorizarnos cuando todo nuestro entorno parece insistir en que debemos poner a todos y a todo por delante de nosotros mismos?

El privilegio del autocuidado

Es importante reconocer que el objetivo es que todo el mundo pueda cuidarse de forma activa y emplee estrategias de autocuidado eficaces. Al mismo tiempo, reconozco que el autocuidado puede considerarse un acto de privilegio. Es un privilegio disponer de tiempo, dinero y libertad para dedicarse al cuidado de uno. Ahora mismo, hay alguien que sale de su primer trabajo camino del segundo. Hay alguien que quiere, o incluso necesita, un día libre o un parón para su salud mental, pero depende de que su jefe le dé permiso. Y resulta que dicho jefe no deja de negarse. Hay alguien que se inquieta porque no sabe si tendrá suficiente dinero para alimentar a su familia.

Sé que hay innumerables obstáculos que pueden impedirnos sacar o reservar tiempo para cuidarnos, pero puedes practicar el autocuidado. Sí, tú también. Todo empieza por decirte: «A pesar de mi situación, me doy permiso para cuidarme». Seguro que, a partir de ahí, encontrarás la manera —por pequeña que sea— de hacerlo. Pero nunca lo harás si no comienzas por darte permiso.

Cuidarse a uno es cuidar a los demás

La mayoría no somos conscientes de que, cuando nos dejamos la piel y acabamos molidos, eso también afecta de forma negativa a nuestros seres queridos. Nuestro ejemplo enseña a nuestros hijos que, cuando sean mayores, deberán dar una y otra vez hasta quedarse sin fuerzas. Pero es que, además, nos quedamos sin energía para el trabajo, las amistades y la familia. No podemos dar lo mejor de nosotros si estamos agotados.

Así pues, el autocuidado es más que cuidarte a ti mismo: es cuidar de quienes te rodean. Cada uno de nosotros es una parte fundamental de la comunidad. Por eso, el autocuidado puede entenderse también como cuidado colectivo, como defiende el doctor Shawn Ginwright en *The Four Pivots* (2022). El autor señala que, cuando uno enferma, afecta a todos los que lo rodean. Aunque no sea algo contagioso, puede que otros tengan que cuidarnos o encargarse de lo que solíamos hacer nosotros y ahora no podemos hacer. Solo por eso, ya nos conviene mantenernos sanos. Cuando tú estás mal, todos estamos mal.

Lo mismo ocurre con el autocuidado. Si no lo practicamos con regularidad, contribuimos a mantener unas normas poco saludables. Nos volvemos cómplices de sistemas pensados para mantenernos en un movimiento constante, distraídos y persiguiendo siempre lo siguiente. Renunciamos a la paz, a la renovación y a la fortaleza mental y física que provienen de estar bien cuidados.

Cuando no practicamos el autocuidado, tenemos menos que ofrecer a los demás. Perdemos la paciencia con facilidad, dejamos de pasar tiempo de calidad con quienes queremos o nos convertimos, directamente, en una compañía poco agradable. En resumen, podemos acabar sacrificando aquello que más valoramos.

Por eso es fundamental darnos permiso para cuidarnos tanto como cuidamos a los demás. Sin autocuidado, corremos el riesgo de perder la capacidad de disfrutar plenamente de la vida que se nos ha dado.

El autocuidado es más que ir al balneario

Muchas personas piensan en el autocuidado como darse un baño relajante con burbujas, pasar el día en un spa o hacerse la manicura. Aunque todas estas actividades son estupendas, las considero autocuidado de nivel uno, porque apenas rozan la superficie. Si solo dedicamos tiempo a esos caprichos ocasionales, nos perdemos oportunidades de cuidarnos de verdad.

A veces, cuando por fin llegamos al spa o al salón de uñas, estamos tan desbordados que nos cuesta disfrutar, y, en cuanto salimos, el nivel de estrés vuelve a dispararse. Lo ideal sería llegar a un punto en el que tengamos una rutina de autocuidado capaz de reducir el estrés de forma regular y, al mismo tiempo, aumentar nuestra alegría.

En casa tengo una rueda de las emociones en forma de cojín que suelo sacar cuando estoy con mis hijos para pedirles que identifiquen cómo se sienten. Es un gráfico circular con emociones agrupadas por categorías. Cuando les pregunto qué sienten, mis hijos salen por patas diciendo: «¡Ay, no! ¡La rueda de las emociones!». Y, cuando estoy en plan gracioso, me pongo a perseguirlos por toda la casa con el cojín gritando: «¡Decidme qué sentís!».

Bromas aparte, identificar nuestras emociones es una herramienta magnífica para saber qué tipo de autocuidado necesitamos de verdad.

Cuando les pregunto a mis hijos cómo se sienten, intento ayudarlos a descubrir cómo pueden cuidarse ellos mismos, y quiero averiguar cómo puedo yo ayudarlos a cuidarse. Lo curioso del cojín de la rueda es que, cuando vienen adultos a casa, también se sienten atraídos por él y se ponen a identificar sus propias emociones. En ocasiones, se nos olvida que sentimos cosas hasta que tenemos delante un gráfico que nos muestra todas las posibilidades.

Cuando no prestamos atención a nuestras emociones, tampoco nos damos cuenta de que necesitamos autocuidarnos. Por eso, darse permiso para cuidarse implica profundizar en lo que sentimos.

Si prefieres una aplicación en lugar de un gráfico, puedes usar *How We Feel* (www.howwefeel.org), que funciona de manera similar. La aplicación te pregunta si durante el día has experimentado emociones positivas o negativas, intensas o leves. Después de elegir, te muestra una lista de emociones muy parecida a la de mi rueda.

Te recomiendo que la pruebes para que puedas relacionar cómo te sientes con la forma en que te cuidas. Quizá lo que necesites sea dormir, reír, escribir en un diario, llorar o conectar con otras personas. El autocuidado consiste, en esencia, en dedicar tiempo a sentir y descubrir qué necesitas para reducir el estrés y sanar.

Rutinas de autocuidado

Hacia el final de la charla de «Me doy permiso», comparto mis cinco prácticas de autocuidado favoritas e invito al público a crear sus propias cinco de forma consciente. Las mías son:

Viajar y mirar fotos de viajes anteriores. Me encanta viajar. Estar fuera me relaja, me divierte y me permite pasar tiempo de calidad con mis seres queridos. Y, cuando no puedo viajar, mirar fotos de viajes pasados me transporta a esos momentos y me hace sentir bien. También me hace sentir gratitud por esas experiencias. Conectar con la gratitud es una forma estupenda de transformar emociones negativas en positivas.

Respiraciones profundas (consulta el capítulo 7) y tiempo para reflexionar. Estas prácticas me centran y liberan tensión y estrés. Son rituales que aportan calma, reducen el ritmo cardiaco y ayudan a recuperar la sensación de esperanza.

Largos paseos, excursiones y trayectos en coche con mi mujer mientras charlamos. La amistad con mi mujer es una parte fundamental de nuestra relación. Cuando salimos a caminar, vamos de excursión o cuando hacemos trayectos largos en coche, mantenemos unas conversaciones fascinantes. Además, la actividad física contribuye a liberar estrés y reducir las hormonas relacionadas con él. Así que hacer ejercicio y conectar con otras personas son dos estrategias de autocuidado magníficas.

Reír, contar historias y mantener conversaciones sinceras con buenos amigos. Además de conectar con mi mujer, me encanta reírme, hacer el tonto y hablar abiertamente con mis amigos. Eso me recarga y me da energía. Según la Asociación Estadounidense de Psiquiatría (2019), el apoyo social es una herramienta clave para afrontar el estrés y las dificultades de la vida. También hay cada vez más pruebas de que la risa reduce el estrés y aumenta la relajación, tanto a nivel emocional como físico (Akimbekov y Razzaque, 2021).

Masajes, pedicuras, golf y tenis «de mentira». Lo llamo tenis de mentira porque, si me vieras jugar, dirías: «Eso no es tenis». Aun así, me gusta, igual que el golf, los masajes y las pedicuras. Todas estas actividades me ayudan a sentirme mejor al tiempo que cuido de mi cuerpo. Y, en el caso del golf y del tenis, pasar tiempo al aire libre influye de forma muy positiva en mi estado de ánimo y reduce el estrés.

¿Qué incluirías tú en tu lista de autocuidados? Si no lo tienes claro, puedes probar algunas de las sugerencias que encontrarás a continuación. Hay seis categorías: personal, físico, profesional, espiritual, psicológico y emocional (Phoenix, 2013).

Autocuidado: personal

El autocuidado empieza por ti. Seguro que has oído mil veces que debes ponerte tu propia mascarilla de oxígeno antes de ayudar a los demás. Pues eso mismo: no puedes ayudar a nadie si estás agotado, si te encuentras mal o no te ves con fuerzas para funcionar.

¿Qué puedes hacer por ti? ¿Cuáles son tus objetivos personales? ¿Cuándo fue la última vez que bailaste de verdad? ¿Hay algún amigo o amiga con quien echas de menos quedar? ¿Te gustan los sudokus, los puzles o los videojuegos? ¿Te relajas con un baño de espuma o viendo una película a solas? Sea lo que sea, reserva un momento en tu agenda para dedicártelo solo a ti. Si alguna de estas actividades te resulta difícil, empieza por algo más pequeño y aumenta el tiempo poquito a poco. Por ejemplo, empieza con una hora o dos si no puedes permitirte un día entero; un paseo de quince minutos en lugar de una hora; una o dos rondas de un juego de cartas si no tienes tiempo para la partida completa. También puedes pedir ayuda, pero procura explicar qué te sería útil de verdad.

Autocuidado: físico

¿Te duele la espalda o tienes molestias musculares? ¿Sigues algún plan de alimentación que encaje con tu estilo de vida? El autocuidado físico consiste en cuidar la salud de tu cuerpo.

Aunque lleves mucho tiempo descuidando tu forma física o tu flexibilidad, no dejes que eso te impida empezar, probar o añadir algo nuevo a tu rutina. Puedes comenzar por caminar, o incorporar una carrera suave o unos estiramientos por la noche. ¿Tienes alguien que te acompañe a entrenar o que te ayude a mantener el compromiso? Una persona a tu lado te ayudará a ser constante. ¿Te gusta correr, bailar, hacer yoga o pilates?

Cambiar tu forma de comer o acudir a un nutricionista para trazar un plan alimentario adaptado a ti puede ayudarte a cambiar de manera radical la forma en que te sientes en todos los ámbitos de tu vida.

El autocuidado físico también puede incluir el roce, los abrazos, la intimidad y el sexo. Ponte ese conjunto nuevo o ese perfume que te encanta. Coquetea con tu pareja o con esa persona con la que llevas tiempo hablando en una aplicación. Puede que haya llegado el momento de dejarse llevar, reproducir tu lista de canciones favoritas y seguir los dictados de las baladas románticas.

Autocuidado: profesional

¿Cuánto hace que no actualizas tu currículum o te recuerdas a ti mismo que eres bueno en lo que haces? El autocuidado profesional se centra en ti, tu carrera y tu equilibrio entre la vida laboral y personal. ¿Trabajas tanto que no te queda tiempo para ti, para tu relación de pareja o para tu familia? ¿Te has ido de vacaciones este año o sabes cuándo será tu próximo descanso? ¿Cuándo fue la última vez que cenaste en familia, fuiste a una cita o quedaste con tus amigos?

Este es un buen momento para evaluar el tiempo y la energía que dedicas al trabajo. Por supuesto, no hay nada malo en trabajar y esforzarse, pero ¿ese esfuerzo está sacrificando algo importante? ¿Te vendría bien un día de salud mental?

Te sugiero que hagas una lista de las personas y actividades que son importantes para ti y que procures incluirlas en tu agenda. Si hay alguien que lleva tiempo intentando quedar contigo, busca un hueco para incorporarlo a tu calendario. También podrías unirte a algún grupo o asistir a un congreso para conectar con colegas de profesión y con personas afines a tu sector.

Autocuidado: espiritual

Hay quien cree en una fuerza superior y quien no cree en nada. Para quienes mantienen algún tipo de conexión con una práctica o creencia espiritual, esta podría ser una parte importante del autocuidado.

Puedes rezar, meditar, leer un devocional, hablar de tus creencias con otras personas o acudir a una mezquita, una sinagoga o una iglesia. Cuidar tu vertiente espiritual puede aportar paz y calma a tu vida, e incluso ayudarte a sentirte más seguro y acompañado. Para algunas personas, su práctica espiritual es la brújula que las guía en momentos difíciles y de estrés. Puede ser leer un texto religioso, escuchar música inspiradora o pasar tiempo en la naturaleza. Acepta esa parte de ti, porque quizá sea justo esa pieza la que falta en tu rutina de autocuidado.

Autocuidado: psicológico

Cuidar de tu mente es tan importante como cuidar de tu cuerpo. Leer un libro, hablar abiertamente con un amigo, sincerarte con tu pareja o ir a terapia son formas de practicar autocuidado psicológico. Si aún no has empezado, ahora es un buen momento.

Cualquier actividad meditativa puede irte bien: desde la meditación formal hasta escribir en un diario o trabajar en el jardín. No subestimes la importancia de cuidar tu mundo interior. Hay aplicaciones como *Calm* o *Headspace* que te ayudan a practicar *mindfulness*. Quizá haya llegado la hora de volver a terapia, ya sea por ti, por tu relación o por tu familia. Incorporar estas prácticas a tu vida laboral también puede reducir el estrés en el trabajo y ayudarte a estar más presente en casa. El autocuidado no tiene por qué hacerse por compartimentos estancos: puedes darte permiso para integrarlo en todas las áreas de tu vida.

Autocuidado: emocional

A veces, cuando pensamos en autocuidado, nos centramos en lo físico o lo personal, como hacer ejercicio o irte a un balneario, y dejamos fuera el autocuidado emocional.

Aquí va una idea: ¿alguien te ha pedido alguna vez que le digas cinco cosas que te gustan de ti? Si es así, ¿te costó responder o solo se te ocurrieron tres? Pues esta es una de las razones por las que hay que trabajar el autocuidado emocional.

Si no se te ocurren cinco cosas, puedes pedir a un amigo o a un familiar que te diga qué es lo que más aprecia de ti. Cuando tengas tu lista de cinco elementos, apúntala en un papel o en el móvil para poder consultarla de vez en cuando como forma de autocuidado. Te levantará el ánimo cada vez que la leas. Hasta puedes convertirlo en una rutina: revisarla al empezar la semana o cada día.

También puedes hacer una práctica de gratitud por la mañana o por la noche para recordarte lo que valoras en tu vida, incluyéndote a ti.

¿Cuándo fue la última vez que te pusiste un conjunto de ropa y pensaste «qué bien me queda» en lugar de machacarte por el físico? Fíjate en cómo te hablas. ¿Te regañas o te criticas constantemente? Si es así, parte del autocuidado consiste en darte cuenta de cuándo lo haces para poder parar. Empieza a hablarte con la misma amabilidad que empleas con los demás.

Todas estas son formas de autocuidado emocional que puedes integrar en tu día a día sin que te quiten mucho tiempo. No subestimes su impacto: obran maravillas y te ayudarán a sentirte mejor en general.

Cuando pasamos por un bache o atravesamos momentos difíciles, es aún más importante practicar el autocuidado. Y, si ya tenemos técnicas integradas en la rutina, estaremos mejor preparados para afrontar esas épocas complicadas. Dedica tiempo a **marcarte una rutina de autocuidado e incorpora también tu kit de descanso y juego** del capítulo anterior.

Darte permiso para practicar autocuidado de manera habitual en distintos ámbitos de tu vida te ayudará a sentirte mejor, estar más sano y ser más productivo en todos los sentidos. Y, como has visto en este capítulo, no tiene por qué llevarte mucho tiempo.

Dedica un rato a reflexionar sobre las preguntas que siguen. Después, coge papel y boli y apunta lo que pienses.

- ¿Cómo defines tú el autocuidado?

. . . .

. . . .

. . . .

. . . .

. . . .

. . . .

- ¿Cómo te cuidas en tu día a día? ¿Qué nota te pondrías en una escala del 1 al 5, donde 5 sería «soy excelente en el autocuidado»?

....
....
....
....
....
....
....
....
....
....

- ¿Qué mensajes negativos has oído sobre el autocuidado? ¿Los crees?

....
....
....
....
....
....
....
....
....

- ¿Te cuesta darte permiso para practicar autocuidado? ¿Te sientes culpable cuando te dedicas tiempo?

....
....
....
....
....
....
....
....
....

- Si no sintieras culpa, ¿qué actividades de autocuidado te permitirías disfrutar?

....
....
....
....
....
....
....
....
....
....

- ¿Qué barreras o dificultades te impiden practicar el autocuidado? ¿Cómo podrías superar esos obstáculos?

....
....
....
....
....
....
....
....
....

- ¿Te cuesta encontrar tiempo para cuidarte? ¿Se te ocurre alguna forma de incorporarlo a tu agenda?

....
....
....
....
....
....
....
....
....

- ¿Qué técnicas de autocuidado de «nivel uno» practicas (por ejemplo, un día de spa, un baño de espuma, una manicura, tomarte un día libre, ver una película o una serie)? ¿Y cuáles practicas que sean más profundas y transformadoras?

. . . .
. . . .
. . . .
. . . .
. . . .
. . . .
. . . .
. . . .
. . . .

- ¿Qué emociones has sentido al leer este capítulo?

. . . .
. . . .
. . . .
. . . .
. . . .
. . . .
. . . .
. . . .

- ¿Cuáles son tus cinco prácticas de auto-cuidado esenciales? Si todavía no tienes cinco, escribe las que te gustaría probar.

1) ....
....
....
....

2) ....
....
....

3) ....
....
....
....

4) ....
....
....

5) ....
....
....

Capítulo 11

Me doy permiso para comprometerme conmigo mismo

Emprender el camino hacia tus metas
y sueños exige valentía. Mantenerse en él
requiere coraje. El puente que conecta
ambas cosas es el compromiso.

Steve Maraboli

Nueve meses después de dar por primera vez mi charla «Me doy permiso» en un retiro de autocuidado para veteranos en Colorado, me vi en una encrucijada. Durante casi veinte años había trabajado en una organización de salud mental ambulatoria, desempeñando distintas funciones: estudiante a tiempo parcial, profesor adjunto, investigador, entrevistador, colaborador en medios, subdirector de un máster en terapia, terapeuta a jornada completa, embajador de marca y director de innovación. En ese tiempo también viví seis cambios de dirección general y, en más de una ocasión, se me pasó por la cabeza la idea de ser yo mismo CEO algún día.

Al mismo tiempo, estaba construyendo una marca personal y cada vez me buscaban más para intervenciones en medios y para impartir charlas. Sabía que, tarde o temprano, tendría que decidir entre renunciar a mi marca personal para asumir un nuevo cargo en la organización… o marcharme para desarrollar mi propio proyecto y mi negocio.

Cuando pensaba en el futuro, siempre imaginaba que lo más probable sería dejar la organización. Sin embargo, en mis fantasías y ensoñaciones sobre cómo sucedería, mi salida estaría provocada por una oferta llamativa, quizá muy lucrativa, a la que no podría decir que no. Creía que darme permiso para lanzarme y dar el salto sería una decisión clarísima, fácil, casi automática. Pensaba que la transición sería suave y que no habría complicaciones ni emociones difíciles. No fue así para nada.

Habían pasado dos años desde el inicio de la pandemia. La cultura laboral había cambiado en todo el mundo. Las oportunidades relacionadas con mi marca personal crecían sin parar, mientras que permanecer en la organización se volvía cada vez más complicado y restrictivo. Aun así, me daba miedo imaginarme entregado por completo a mi empresa y dejar atrás la seguridad de lo conocido y lo cómodo. Si me quedaba, viviría frustrado. Si me iba, tendría que arreglármelas solo, y cabía la posibilidad real de que mi negocio no funcionara.

Como sucede con cualquier decisión importante, lo hablé con mi mujer y lo sopesamos juntos. También consultamos a otras personas de confianza y a mis mentores. Llegamos a la conclusión de que una salida abrupta no sería lo más sensato, y que quizá convendría darme seis meses más, de modo que pudiera marcharme al final del año natural.

En el fondo, tuve que darme permiso en todas las áreas de las que te he hablado en este libro. Tuve que asumir riesgos, aceptar que el proceso fuera imperfecto, atreverme a vivir con más valentía y muchas cosas más. Todos esos permisos que me di me ayudaron a hacer algo nuevo. Tuve que darme permiso para correr el riesgo de dedicarme por completo a mi proyecto, afrontar la posibilidad de que fracasara el negocio y lanzarme a vivir de una forma más audaz, exponiéndome y creyendo en lo posible. Tuve que darme permiso para no ser perfecto y para reconocer que aprendería, crecería y cometería errores. Tuve que darme permiso para querer a mi mujer, a mi familia y a mí mismo, haciendo aquello que me haría feliz y me permitiría prosperar. Y tuve que darme permiso para soltar lo que había sido mi vida durante casi veinte años y avanzar hacia algo desconocido.

También tuve que darme permiso para cambiar los patrones familiares y creer que podía tener un negocio próspero, incluso después de haber visto cómo otros miembros de mi familia fracasaban en sus propios emprendimientos. Tuve que darme permiso para enfrentarme al trauma que viví durante mis estudios universitarios, un trauma que me había hecho dudar de si sería capaz de alcanzar ese nivel de éxito. Tuve que darme permiso para perdonar a quienes me hicieron daño e intentaron frenar el avance de mi carrera. (Al hacerlo, me di cuenta de que, en realidad, sus intentos me empujaron a aceptar y a desarrollar mi potencial). Tuve que darme permiso para jugar y descansar, porque intentar darlo todo en la organización mientras construía mi marca personal me dejaba muy poco tiempo para el autocuidado. Tuve que darme permiso para cuidarme porque dedicaba mi energía a todo el mundo menos a mí. Y, por último, tuve que darme permiso para comprometerme conmigo mismo: con mi futuro, mi alegría, mi bienestar, mi propósito y mi realización, tanto en lo profesional como en lo personal.

A día de hoy, puedo decir que decidir marcharme fue una de las mejores decisiones que he tomado en la vida. Me proporcionó más tiempo, más descanso, más diversión y más sensación de plenitud.

Fue el proceso acumulado de darme permiso en múltiples ámbitos lo que me permitió lanzarme de verdad y no mirar atrás. Hice un repaso exhaustivo de mi vida para ver dónde tenía que darme permiso para dar el paso. Ese proceso me ayudó a ser plenamente yo mismo mientras disfrutaba de las personas y las cosas que amo. Y eso es lo que quiero para ti. Cada uno de los ámbitos en los que te das permiso en este libro es una ventana a una parte distinta de tu vida.

Cuando examinas esas partes y te das permiso, desbloqueas un fragmento de ti que estaba perdido, atascado o dormido. Es mucho más que pronunciar unas palabras. Darte permiso es un proceso de autoexploración que puede conducirte a territorios inexplorados de tu vida, así como a nuevas experiencias, vínculos más profundos, una mayor alegría y un sinfín de pensamientos y emociones nuevas. Darte permiso es un acto intencionado. Es un compromiso contigo mismo para ser tu mejor versión.

Un recordatorio tangible

Después de abordar los obstáculos que nos impiden darnos permiso en mi charla principal «Me doy permiso», invito a los participantes a escribir aquello para lo que quieren darse permiso. A cambio de aceptar mi invitación, les doy una pulsera con la frase ME DOY PERMISO grabada.

Esta pulsera está pensada como un recordatorio tangible del compromiso que adquirieron en ese momento: el de darse permiso, de manera activa e intencionada, para hacer, o dejar de hacer, algo. Sin embargo, incluso llevándola puesta cada día, es posible que no sientan la fuerza de ese recordatorio hasta que lo necesiten de verdad. Puede ocurrir el mismo día de la charla, a los pocos días, al mes o incluso seis meses después. Pero, cuando ese recordatorio se haga oír, es importante escucharlo.

Eso fue precisamente lo que le ocurrió a Charles. Charles ayudaba a padres mediante programas de mentoría, conferencias sobre crianza, círculos de paternidad y apoyo con recursos. Un día, en una de las sesiones que dirigía para padres, vieron un vídeo sobre el velocista británico Derek Redmond durante la semifinal de los 400 metros lisos en los Juegos Olímpicos de Barcelona de 1992. Derek era uno de los favoritos para ganarlo todo, pero a mitad de la carrera se rompió el tendón isquiotibial. Al darse cuenta de que su sueño de ganar una medalla olímpica se acababa de truncar, redirigió sus esfuerzos hacia un nuevo objetivo: llegar a la línea de meta. Quería superar el dolor, la decepción y la desolación del momento para terminar su carrera, aunque fuera cojeando, y cruzar la meta en unos Juegos Olímpicos.

Sin embargo, lo invadió un dolor insoportable, cayó al suelo y empezó a llorar. ¿Se quedaría sin la oportunidad de cumplir su objetivo de terminar la carrera? Poco después, su padre, Jim, bajó corriendo desde las gradas hasta la pista y lo levantó. Con Derek entre sus brazos, Jim avanzó a su lado hacia la línea de meta. Los agentes de seguridad se acercaron para intentar sacar a Jim de la pista, pero él los apartó con determinación. «Voy con mi hijo», les dijo. En un momento heroico, Derek y su padre caminaron, y renquearon, juntos hasta la meta. Fue algo desgarrador y poderoso. Todos los presentes se emocionaron, y los que vieron el vídeo con Charles sintieron el impacto de aquel instante.

Cuando los padres del grupo terminaron de ver el vídeo, Charles dijo: «Yo nunca he tenido un padre que luchara así por mí. Nunca he tenido un padre que viniera en mi ayuda». Mientras hablaba, sintió cómo el dolor, la tristeza, la vergüenza y la rabia le subían a la garganta, pero no estaba dispuesto a dejar que salieran.

En ese momento, sin embargo, Charles bajó la mirada y vio la pulsera que llevaba en la muñeca, que decía ME DOY PERMISO.

Recordó que estaba bien sentir y expresar sus emociones. Recordó que, en mi charla, yo había dicho que está bien llorar, aunque él no lo hubiera hecho en muchísimos años. Ese pequeño gesto fue el detonante: dejó salir todas las emociones que tenía atrapadas en la garganta y se permitió llorar.

Hacía muchísimo tiempo que Charles no se daba permiso para llorar así, de una forma tan sentida. Fue algo significativo, liberador y necesario. Poco después, me envió un mensaje que decía: «Gracias. Me alegro no solo de haber ido a tu charla, sino también de haber tenido la pulsera para recordarme que puedo darme permiso».

Charles se sinceró con el grupo de padres. Luego volvió a casa y se abrió con su mujer. Había comprendido que, cuando guardamos nuestras emociones y nuestro dolor bajo llave, acabamos estallando por cualquier cosa.

Aunque tú no tengas una pulsera que te recuerde que puedes darte permiso, puedes crear tu propio detonante o catalizador como compromiso contigo mismo. Puede ser un clip de papel o una goma elástica en el bolsillo. Quizá un cartel sobre tu mesa de trabajo o como fondo de pantalla. Pero, por favor, no leas este libro sin poner en práctica sus principios. Solo así podrás vivir con plenitud la vida que mereces.

Un compromiso con el permiso

Por último, ahora que nos acercamos al final del libro, **formulemos un compromiso formal «Me doy permiso»**. Empieza respirando profundamente. Piensa en los pensamientos y emociones que han surgido a lo largo de los capítulos. Piensa en todas las maneras en que quieres darte permiso.

Después, repite los compromisos que encontrarás a continuación. Puedes recitarlos delante del espejo o contárselos a alguien de confianza. Dítelos con seguridad. Y, a medida que pronuncies cada frase, piensa en lo que significa para ti y en lo que harás para materializarlo.

- Me doy permiso para **cambiar mis narrativas negativas**.
- Me doy permiso para **creer en historias llenas de posibilidades**.
- Me doy permiso para **arriesgarme, fracasar y vivir con valentía**.
- Me doy permiso para **no ser perfecto**.
- Me doy permiso para **amar y ser amado**.
- Me doy permiso para **soltar y avanzar**.
- Me doy permiso para **cambiar los patrones familiares**.
- Me doy permiso para **enfrentarme al trauma y sanar**.
- Me doy permiso para **perdonarme y perdonar a los demás**.
- Me doy permiso para **jugar y descansar**.
- Me doy permiso para **cuidarme**.
- Me doy permiso para **sentir y expresar mis emociones**.
- Me doy permiso para **comprometerme conmigo mismo**.
- Me doy permiso para **quererme**.
- Me doy permiso para **releer este libro tantas veces como lo necesite**.
- Me doy permiso para . . . .

Estos ejercicios te permitirán **profundizar en tu compromiso de darte permiso.**

• Reflexiona sobre todo lo que has aprendido a lo largo del libro y prioriza el ámbito de tu vida en el que te gustaría empezar a darte más permiso. Anota los pasos prácticos que puedes dar para acercarte a tus objetivos.

1) ....
....

2) ....
....

3) ....
....

4) ....
....

5) ....
....

6) ....
....

7) ....
....

- Elige una acción concreta que te acerque a tu meta y márcate unos tiempos que te ayuden a llevarla a cabo.

....
....
....
....
....
....
....
....
....

- Escribe tu compromiso (aquí y en una libreta); será una especie de mantra que te ayudará a alcanzar tu objetivo.

....
....
....
....
....
....
....
....
....
....

Coloca tu «Compromiso de permiso» en un lugar visible, donde puedas verlo a menudo y recordarlo cada día. Si lo prefieres, también puedes crear un recordatorio para llevarlo siempre contigo, como una tarjetita plastificada con tu compromiso escrito.

Permítete avanzar con calma mientras integras estas nuevas maneras de darte permiso.

AGRADECIMIENTOS

Este libro no habría sido posible sin todas las personas que me ayudaron, apoyaron, guiaron, defendieron, creyeron en mí y me impulsaron antes, durante y después de su escritura.

Doy gracias a Dios por darme la inspiración para escribirlo, la fe en que tendría un impacto real, la perseverancia para verlo nacer y la capacidad para hacer el trabajo que hago. Gracias, mamá y papá. Aunque ya no estáis aquí conmigo, os siento cerca y os escucho, sobre todo, en este camino. Gracias por vuestro amor, vuestras oraciones y vuestra confianza en mí. Quiero dar las gracias a mi mujer, la doctora Candace Robertson-James, que ha estado a mi lado desde la primera vez que comenté que deseaba escribir un libro. Tu apoyo, tu amor, tus ideas, tus oraciones, tu visión y tus revisiones de este manuscrito han sido inestimables. Gracias a mis hijos, Nalani y Alex, por aportarme siempre alegría, luz e inspiración en todos mis proyectos. A mi maravillosa suegra, Diana Robertson, agradezco tu apoyo y la forma en que luchas por mí y por las personas a las que más quieres. A Joy Jamil, la mejor asistente ejecutiva del mundo: sigues haciendo que la empresa y yo mismo seamos mejores, y te lo agradezco de corazón.

A mi agente, Regina Brooks, y al equipo de Serendipity Literary, gracias por creer en mí y por conectarme con New Harbinger Publications. A Jed Bickman y al resto del equipo de New Harbinger, gracias por darme la oportunidad de compartir mi trabajo con el mundo. Aprecio enormemente la labor de las editoras y correctoras que me han acompañado en este proceso, como Melanie Votaw, Beth Bolton y Karen Schader.

A todas las personas cuyas historias aparecen en este libro, muchas gracias por confiar en mí y por confiarme estos aspectos de vuestra vida. A todos los asistentes a mis charlas de «Me doy permiso», gracias por todo lo que contasteis y compartisteis durante y después de mis sesiones, y que tanto me ayudó a escribir este libro. Gracias a todos mis mentores, supervisores, profesores, colegas, compañeros, estudiantes, supervisados y personas de las que sido mentor, que han enriquecido mi experiencia clínica y mi forma de ver el mundo.

A los que se han dejado la piel para ayudarme a lo largo de mi vida, y a quienes tanta gratitud les debo: Rosemary Flowers-Jackson, Mark Johnson, la doctora Phyllis Swint, el doctor Steve Treat, Michael Veloric, el doctor Terry Nance, la doctora Crystal Lucky, el doctor Maghan Keita, el doctor Ed Collymore, Linda Coleman, el doctor Jed Yalof, la doctora Janet Etzi, Trabian Shorters, el reverendo David Brown, el doctor James Wadley, Al Chiaradonna, Russ Kilman, el doctor Jeffrey Kudisch, Jennifer Wiess, Jeffrey y Jenifer Westphal, Geoffrey y Gretchen Jackson, Bradley Gayton y tantos otros.

A todas las personas que han apoyado mi trabajo, gracias. A Leonard Hammonds II, gracias por ver más en mí, en mi labor y en «Me doy permiso» de lo que yo mismo era capaz de ver entonces. A todos los que me han ayudado a construir mi trabajo, mi marca, mis ideas y mi experiencia para ayudar a otras personas a darse permiso, como la doctora Toyo Aboderin, Nichole Harrison, Kenan Etale, Yetunde Shorters, Carlos y Katherine Greene, Kelsey Phariss, Bonnie Benjamin-Phariss, Euan Henry, Katrina Edmonds, Marcus Morales y SBK Media.

A quienes han creído en este libro y lo han ayudado a llegar más lejos, os estoy profundamente agradecido. Gracias a Jon Gordon, autor best seller de *The Energy Bus*, por tu amistad, tu confianza y tu disposición a compartir mi trabajo. A BJ Johnson, uno de mis mejores amigos y fuente constante de inspiración. Gracias, Elizabeth Earnshaw, por explicarme cómo funciona el proceso editorial, por ponerme en contacto con personas que me llevaron hasta mi equipo de editores y por apoyar el libro. Gracias, Leon Ford y Damion Cooper, por permitir que cuente vuestras historias. Gracias a mis amigos y defensores de mi trabajo: el tres veces campeón de la NBA Danny Green; la presentadora y corresponsal de la NBC News Savannah Sellers; el actor Toney Goins; la estratega empresarial y profesora del MBA de Wharton Daria Torres; el autor best seller del *New York Times* y activista Shaka Senghor; la experta en tecnología y habitual en medios nacionales Stephanie Humphrey; el presentador de televisión y experto en relaciones Paul Brunson; el autor y presentador de televisión y de pódcast Marc Lamont Hill, y la directora global de marketing de Tinder Melissa Hobley.

A mis amigos y familiares, que me quieren y creen en mí: gracias. Aprecio muchísimo que, haga lo que haga o trabaje en lo que trabaje, siempre estéis ahí. Gracias a quienes han rezado por mí, me han presentado a nuevas amistades o me han brindado nuevas oportunidades.

Gracias por comprar este libro, por leerlo, por compartirlo con otras personas y por utilizarlo, sobre todo, para darte permiso.

BIBLIOGRAFÍA

Akimbekov, N. S., y M. S. Razzaque (2021), «Laughter Therapy: A Humor-Induced Hormonal Intervention to Reduce Stress and Anxiety», *Current Research in Physiology*, 4, pp. 135-138.

Asociación Dental Americana (2021), *New survey finds stress-related dental conditions continue to increase*, Health Policy Institute Study, <https://www.ada.org/about/press-releases/2021-archives/new-survey-finds-stress-related-dental-conditions-continue-to-increase>.

Asociación Estadounidense de Psicología (2019), «Manage Stress: Strengthen Your Support Network», <https://www.apa.org/topics/stress/manage-social-support>.

— (2013), «Stress and Sleep», <https://www.apa.org/news/press/releases/stress/2013/sleep>.

— , «Trauma», <https://www.apa.org/topics/trauma>.

Asociación Estadounidense de Psiquiatría (1968), *Diagnostic and Statistical Manual of Mental Disorders* (2.ª ed.), Washington D. C.: Asociación Estadounidense de Psiquiatría. [Hay trad. cast.: Asociación Americana de Psiquiatría (2022), *Manual diagnóstico y estadístico de los trastornos mentales* (5.ª ed.), Editorial Médica Panamericana].

Boyatzis, R. E., y A. McKee (2005), *Resonant Leadership: Renewing Yourself and Connecting with Others Through Mindful-*

ness, Hope, and Compassion, Boston: Harvard Business School Press.

Centros para el Control y la Prevención de Enfermedades (2022), «Leading Causes of Death», <https://www.cdc.gov/nchs/fastats/leading-causes-of-death.htm>.

Clear, J. (2020), *Hábitos atómicos: cambios pequeños, resultados extraordinarios* (trad. Gabriela Moya), Barcelona: Planeta.

Cleveland Clinic (2021), «How Box Breathing Can Help You Destress», <https://health.clevelandclinic.org/box-breathing-benefits>.

Curran, T., y A. P. Hill (2019), «Perfectionism Is Increasing Over Time: A Meta-Analysis of Birth Cohort Differences from 1989 to 2016», *Psychological Bulletin*, 145 (4), pp. 410-429.

Duhigg, C. (2019), *El poder de los hábitos: por qué hacemos lo que hacemos en la vida y en el trabajo* (trad. Wendolín Perla), Barcelona: Penguin Random House.

Ford, L. (2023), *An Unspeakable Hope: Brutality, Forgiveness, and Building a Better Future for My Son*, Nueva York: Atria Books.

Freud, S. (1896), «La etiología de la histeria», Libros Tauro, <https://web.seducoahuila.gob.mx/biblioweb/upload/Freud,%20Sigmund%20-%20La%20Etiologia%20De%20La%20Histeria.pdf>.

— (2023), *La interpretación de los sueños: claves para entender tus sueños y los mensajes del subconsciente* (trad. Alaric Duckass), Barcelona: Plutón.

Gibson, J. (2025), «Remittance: What It Is and How to Send One», *Investopedia*, <https://www.investopedia.com/terms/r/remittance.asp>.

Ginwright, S. A. (2022), *The Four Pivots: Reimagining Justice, Reimagining Ourselves*, Berkeley, CA: North Atlantic Books.

Harvard Medical School. «National Comorbidity Survey 2001-2003», <https://www.hcp.med.harvard.edu/ncs>.

Herman, J. (2025), *Trauma y recuperación: las secuelas de la violencia: del maltrato doméstico al terror político* (trad. Catalina Martínez Muñoz), Barcelona: Eleftheria.

Instituto Nacional del Corazón, los Pulmones y la Sangre (2022), «Privación y deficiencia del sueño: cómo el sueño afecta la salud», <https://www.nhlbi.nih.gov/es/health/sleep-deprivation/health-effects>.

James, G. (2020), «Racial Trauma and Ways to Cope», <https://www.theconsciouskid.org/racial-trauma>.

Jung, C. G. (2003), *Psychology of the Unconscious*, Garden City, NY: Dover Publications. [Hay trad. cast.: Arbeláez, J. D. (2024), *Psicología del inconsciente*, Jaxbird LLC].

Kerr, M. E., y M. Bowen (1988), *Family Evaluation*, Nueva York: W. W. Norton & Company.

King, M. L., Jr. (1963), *Carta desde la cárcel de Birmingham* (publicada por Diego Checa Hidalgo, 1 de junio de 2017), Universidad de Granada, <https://wpd.ugr.es/~diegoch/?p=312>.

Lyles, N. (2024), publicación en X (antes Twitter), <https://x.com/LylesNoah/status/1820246016295080034>.

Michaelis, D. (2020), *Eleanor*, Nueva York: Simon & Schuster.

Official Hoophall (2012), *Discurso de Consagración de Michael Jordan al Salón de la Fama del Baloncesto (2009)*. [Vídeo en línea], YouTube, <https://www.youtube.com/watch?v=XLzBM-GXfK4c>.

Olympics (2011), *Derek Redmond's Emotional Olympic Story - In-*

jury Mid-Race | Barcelona 1992 Olympics. [Vídeo en línea], YouTube, <https://www.youtube.com/watch?v=t2G8KVz Twfw>.

Organización Mundial de la Salud (2024), «Trastorno de estrés postraumático», <https://www.who.int/es/news-room/ fact-sheets/detail/post-traumatic-stress-disorder>.

Phoenix, O. (2013), «The Self-Care Wheel», <https://olgapho enix.com/self-care-wheel>.

Rowling, J. K. (1999), *Harry Potter y la piedra filosofal* (trad. Alicia Dellepiane Rawson), Barcelona: Salamandra.

— (2008), *Harry Potter y las reliquias de la muerte* (trad. Gemma Rovira Ortega), Barcelona: Salamandra.

Swider, B., D. Harari, A. P. Breidenthal y L. B. Steed (2018), «The Pros and Cons of Perfectionism According to Research», *Harvard Business Review*, <https://hbr.org/2018/12/ the-pros-and-cons-of-perfectionism-according-to-research>.

White, M., y D. Epston (1993), *Medios narrativos para fines terapéuticos* (trad. Ofelia Castillo, Mark Beyebach y Cristina Sánchez), Barcelona: Paidós.

Aquí tienes espacio
para escribir tus pensamientos,
profundizar en las preguntas del libro
y seguir explorando las ideas que
te hayan surgido durante la lectura.

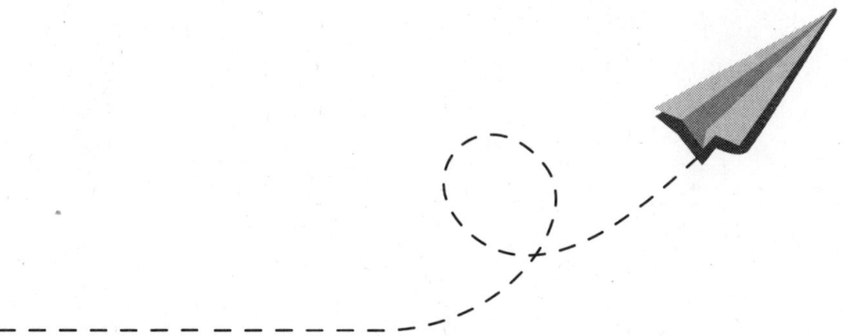

Este libro se terminó de imprimir
en el mes de mayo de 2026.